Anton Ian Felix C hrabia Rostworowski

Die Entwicklung der bäuerlichen Verhältnisse im Königreich Polen

im 19. Jahrundert

Anton Ian Felix C hrabia Rostworowski

Die Entwicklung der bäuerlichen Verhältnisse im Königreich Polen
im 19. Jahrundert

ISBN/EAN: 9783743340879

Hergestellt in Europa, USA, Kanada, Australien, Japan

Cover: Foto ©ninafisch / pixelio.de

Manufactured and distributed by brebook publishing software (www.brebook.com)

Anton Ian Felix C hrabia Rostworowski

Die Entwicklung der bäuerlichen Verhältnisse im Königreich Polen

DIE ENTWICKLUNG
DER
BÄUERLICHEN VERHÄLTNISSE
IM
KÖNIGREICH POLEN
IM 19. JAHRHUNDERT.

VON

D^R. A. J. F. C. GRAF VON **ROSTWOROWSKI.**

JENA,
VERLAG VON GUSTAV FISCHER
1896.

Inhaltsverzeichnis.

Seite

Einleitung 1

I. Die Bauernverhältnisse in der Zeit der Selbständigkeit des polnischen Reiches (970—1795).

In der ersten Periode (970—1346) treten die Bauern anfangs als Pächter und und Erbpächter und endlich als Sklaven auf 1
Verbesserung der Lage der Bauern durch die Gesetzgebung Kasimirs des Grofsen (1346—1496) 3
Entstehung der Frohndienste unter der Regierung des Thronfolgers Kasimirs. Ludwig 4
Verschlechterung der Lage der Bauern durch das Statut von König Johann Albert 1496 5
Die Verschlechterung der Lage der Bauern geht immer weiter fort bis zur zweiten Hälfte des XVIII. Jahrhunderts 6
Im Jahre 1776 greift die Regierung ein, um die Lage der Bauern zu verbessern 8

II. Entwicklung der Bauernverhältnisse im Königreich Polen im XIX. Jahrhundert.

A. Unter der Regierung Preufsens und Österreichs 11
B. Die Epoche des Herzogtums Warschau 11
   1. Allgemeine Schilderung der Bauernverhältnisse 11
   2. Gesetzgebung Napoleons in Bezug auf die Bauern . . . 12
   3. Wirkung der Gesetzgebung Napoleons 13
C. Unter russischer Oberhoheit 15
   1. Die Periode von 1815—1846 15
      a) Lage der Bauern auf den Staatsdomänen . 15

	Seite
b) Angaben über die Lage der Bauern auf einem Privatgute im Gouvernement Lublin im Jahre 1825 aus den Registern bezogen	16
c) Umwandlung der Frohndienste in Zins auf den Gütern des Grafen Zamoyski und Markgrafen Wielopolski, die als Muster für andere Gutsbesitzer gedient haben	17
d) Statistisches	19
2. Die Periode von 1846—1863	21
a) Der Ukaz vom Jahre 1846	21
α) Die Prästationstabelle	23
β) Die Prästationstabellen vom Jahre 1846	24
γ) Ergänzung des Ukazes von 1846 durch den Administrationsrat des Königreichs Polen	23
δ) Die Wirkung der Gesetzgebung vom Jahre 1846	33
ε) Statistisches	34
b) Thätigkeit des landwirtschaftlichen Vereins zu Warschau	35
c) Die Gesetze vom Jahre 1861 und 1862	38
3. Die Periode von 1864 bis in die Gegenwart	45
a) Der Ausgangspunkt der Bauern-Reform im Königreich Polen	45
b) Der Ukaz vom 19. Februar 1864	46
c) Die Durchführung des Ukazes vom 19. Februar 1864 in der Praxis	57
α) Auf einem Privatgute	—
αα) Die Liquidationstabelle dieses Gutes	—
ββ) Vergleich der ten angegebenen Liquidationstabelle mit den Prästations d ergänzenden Tabellen desselben Gutes	58
γγ) Die Entschädigung des Grundherrn	60
β) Durchführung des Ukazes auf sämtlichen Privatgütern	61
γ) Angaben über die Servituten im Jahre 1864 in den zu der Land-Kredit-Gesellschaft gehörenden Gütern	62
δ) Auf den Staatsdomänen	64
αα) Liquidationstabelle des Gutes N. im Gouvernement Lublin vom Jahre 1864	59
ββ) Die Regulierung derselben von 1865—1873	60
γγ) Im Jahre 1893	64
d) Wirkung der grofsen Reform auf die ökonomische Lage der Bauern	69
e) Die Gemeinde im Königreich Polen nach dem Ukaze von 1864	80
α) Allgemeines	80
β) Die Gemeindeschulen	83
γ) Die Gemeinde-Darlehns- und -Sparkassen	84
δ) Die Gemeindegerichte	85

Einleitung.

I.

Die Bauernverhältnisse in der Zeit der Selbständigkeit des polnischen Reiches (970—1795).

In der ersten Periode (970- 46) treten die Bauern anfangs als Pächter und Erbpächter und endlich als Sklaven auf.

Die ganze Periode der Selbständigkeit des polnischen Reiches bezüglich der Lage des Bauernstandes zerfällt in vier Teile, deren Grenzen die Jahre 1346—1496 und 1776 sind.

In der ersten Periode von 970 bis zum Jahre 1346 bilden sich in dem noch jungen Reiche die verschiedenen Klassen der Einwohner.

Nach den Historikern Lelewel, Szaynocha, Bobrzynski, Roepell bestand das ganze Volk aus dem Adel (nobiles, milites, szlachta) Bürger (cives, obywatele) freie (liberi, ludzie wolni) und unterthänige (servitores famuli, coloni poddani).

Zu den Bürgern (cives) gehörten: [1])

---

[1]) Ad. Krzyztopor Band I Seite 297 und folgende: Über „Regelung der Bauernstände in Polen". Posen 1859.
J. Lelewel, Zustände des ehemaligen Polens Band I Seite 105 und folgende.
Surowiecki. Die „Bauernfrage", Band I Seite 156—161.

1. Die (Kmiecie Kmethones) Bauern, die sich mit Ackerbau beschäftigten, nicht aber als Eigentümer des von ihnen bebauten Grundstückes (Lan. póllan = etwa 30 resp. 15 Morgen)¹), sondern als Erbpächter auftraten.

2. Die sogenannten Schulzen (Soltysi sculteti), das waren ausländische Einsiedler, die auch ihre Grundstücke in Erbpacht besafsen, nicht aber auf Grund des allgemeinen Landrechts, sondern auf Grund eines besonderen Privilegiums. Zu der Kategorie der freien Leute (liberi) gehörten die sogenannten Zagrodnik's (Inquilini), das heifst die zeitweiligen Besitzer der bäuerlichen Besitzungen, also gewöhnliche Pächter, und dann die Chalupniks, „tabernatores", welche eigne Häuser in den Staatsdomänen besafsen und endlich die Komorniks (Inquilni) und freie Tagelöhner, Wyrobniks. —

Die Sklaven (servi, coloni) fanden sich nur auf den Besitzungen des Königs und auf den Gütern der wenig zahlreichen Edelleute, die anfangs nur mit Sklaven wirtschaften konnten, da ihnen Bauerndienste nicht zur Verfügung standen. — Die Sklaven waren entweder Kriegsgefangene oder von Juden gekauft, die schon damals mit diesem Handel in Polen beschäftigt waren. —

Bis zum XII. Jahrhundert geschah es noch selten, dafs einer von den „Kmiecie" (Bauern) Grundstücke zu freiem Eigentum, das heifst ohne Abgabepflicht, bekam. — War dies der Fall, so geschah es infolge spezieller Gunst des Königs für Dienste und Thaten im Kriege. —

Im XII. Jahrhundert²) dagegen hat sich in den zahlreichen Kriegen mit den Deutschen aus den Bauern heraus ein gewisses Rittertum herausgebildet, „e Kmethone vel sculteto creati, milites scartabellati", das, durch Beute im Kriege oder Schenkung des Königs zu Grundbesitz gekommen, sich den ersten Edelleuten gleichstellte und so die geringe Zahl des Adels bedeutend vermehrte. — Da es in diesem Jahrhundert kein Jahr ohne Krieg gab, hat sich ein ganz geschlossenes erbliches Rittertum gebildet, das, zu mächtigen Adelsgeschlechtern organisiert, nicht nur im Kriege, sondern auch im Frieden solidarisch auftrat und auch in staatlichen Dingen Einflufs zu gewinnen suchte. Sie bemühten sich auch, ihre Güter nicht nur zusammenzuhalten, sondern auch zu vermehren.

Zugleich hat sich auch die Lage des auf grundherrlichem Boden

---

¹) Ein Polnischer Morgen = 2,19281 Preufsische Morgen.
²) Szujski, „Geschichte Polens", Band 1 Heft 1 und folgende.

angesiedelten Bauern gegenüber den adeligen Rittern bedeutend verschlechtert, indem sie gezwungen wurden, neben dem Sklaven für den Herrn zu arbeiten.¹)

Allmählich wird ihre Stellung der der Sklaven ähnlich, bis im 14. Jahrhundert König Kasimir der Grofse durch das Statut von Wislica zu ihren Gunsten eingriff.

Verbesserung der Lage der Bauern durch die Gesetzgebung Kasimirs des Grofsen (1346—1496).

Die Statuten Kasimirs des Grofsen enthalten genaue Bestimmungen über die gegenseitigen Pflichten des Grundherrn und Bauern. — Die ländliche Bauernbevölkerung wurde nach deutschem Muster in Dörfern organisiert. — Jeder Bauer bekam ein Grundstück mit genau begrenzten Abgaben und Leistungen an die Kirche, den Staat und den Herrn.²)

Nach Maciejowski mufste der Bauer schon in den damaligen Zeiten ¹/₁₀ seiner Ernte der Kirche abgeben. — Dem Staate zahlte er ¹/₄, „grzywna, ferton wiardnuck" genannt, was nach den Tabellen des Wertes der Münzen vom Jahre 1300—1766 von T. Czacki zwölf polnische Gulden beträgt. Solange die Bauern ihre Pflichten erfüllten, hatten die Herren nicht das Recht, ihnen Grundstücke zu entziehen.

Sie durften dieselben aber auch ihrerseits weder verändern, noch unter ihre Erben teilen. Zu Weihnachten stand es den Bauern frei, ihren Hof zu verlassen und sich auf Grundstücken anderer Herren anzusiedeln.³)

Während des Jahres war es ihnen aber verboten, sich aus dem Dorfe zu entfernen. —

Für die Schulden des Grundherrn waren die Bauern nicht verantwortlich. —

Die Bauern unterstanden dem allgemeinen Rechte, die Juris-

---

¹) Szujski „Geschichte Polens", Band I Seite 105.
A. Jelski, Ein Abrifs der Geschichte der Volkswirtschaft mit Beschreibung der Sitten des Volkes, Band I Seite 60 und folgende. Krakau 1893.
²) Wenseslaus Alexander Maciejowski. Geschichte der Bauern von den ältesten Zeiten bis zur Hälfte des XIX. Jahrhunderts, Seite 83. Warschau 1874.
³) Taszycki fol. XXII.
Abire poterunt, domo tamen et sepibus bene reformatis, agris hyematibus et aestivalibus ex integro seminatis, et jumentis atque instrumentis rusticis ad agriculturam necessariis relictis et dimissis.

diktion des Grundherrn war ausgeschlossen. — Sie hatten also kein Eigentum an ihren Höfen, sondern nur eine Art von Erbpachtrecht und konnten ihre Grundstücke behalten, nicht aber frei über sie verfügen. Aufserdem stand es aber auch einem jeden Bauer frei, wirkliches Eigentum zu erwerben.

Jeder auf solche Weise erworbene Acker verlor den Charakter eines Bauerngrundstückes, und sein Besitzer nahm eine Stellung ein, die sich der der Edelleute näherte.

Entstehung der Frohndienste unter der Regierung des Thronfolgers Kasimirs Ludwig.

Schon nach dem Tode des Bauernkönigs (1370), unter der Regierung Ludwigs, verschlechterte sich die Lage der Bauern bedeutend. — Im Jahre 1374 gab König Ludwig in Koszyce dem Ritterstande alle Abgaben, die die Bauern dem Staate zu entrichten verpflichtet waren, mit der Pflicht, 2 Gronen vom Lan (30 Morgen) auszuzahlen.

Dies Privilegium führte zu grofser Willkür und Unterdrückung der Bauern. Der Adel verlangte von den Bauern gröfsere Zinsen von den in Erbpacht bleibenden Höfen und Grundstücken.

Waren die Bauern nicht in der Lage, gröfsere Abgaben zu entrichten, so mufsten sie dieselben durch verschiedene Dienste und Arbeiten ersetzen. So entstanden nun die Frohndienste „Pauszczyzna, daniny, daremszczyzny, gwalty" genannt. Verschiedene Autoren geben verschiedene Angaben an über die Gröfse dieser Leistungen.

Szaynocha zitiert [1]), dafs auf dem Dorfe Jalowas bei Sandomir die Bauern im Jahre 1405 jährlich 30 Eier, 2 Käse, 2 Hühner, dann $\frac{1}{2}$ Grzywna von 30 Morgen abgeben mufsten, und dennoch 8 Tage auf dem grundherrlichen Acker arbeiten.

Fel. Zielinski in der „Warschauer Bibliothek" vom Jahre 1872 Band IV, Seite 343, berechnet die Zinsen, Dienstleistungen, die die Bauern in der Gegend von Krakau zu entrichten hatten, auf vier Grzywna jährlich, was nach seiner Berechnung sechs Korzec (à 230 Pfund) Roggen entspricht. [2])

Die geschilderten Verhältnisse dauerten unverändert bis 1496, in

---

[1]) Szaynocha, „Hedwig und Jagiello". Seite 240, 241.

[2]) Nach den Tabellen der Evolution des Geldes in Polen nach Czacki repräsentierte 1 Grzywna einen Wert von 48 polnischen Gulden im Anfang des XV. Jahrhunderts. Am Ende desselben 24 polnische Gulden. Diesen letzteren hat Zielinski bei seiner Berechnung zu Grunde gelegt.

1 Korzec = 2,3289 Scheffel.

welchem Jahre König Johann Albert eine Anordnung erliefs, die eine vollständige Umwälzung der ländlichen Verhältnisse Polens zur Folge hatte.

Sie blieben in Geltung bis zum Ende des Königreiches Polen.

Verschlechterung der Lage der Bauern durch das Statut von König Johann Albert 1496.

Um in den inneren und äufseren Kämpfen, die König Johann Albert gegen den Hochadel und gegen die Bukowina führen wollte, die Unterstützung des niederen Adels zu gewinnen, lieferte er ihnen die Bauern mit gebundenen Händen aus.¹)

Zuerst wurde den Bauern das Recht der Erbpacht entzogen und den Herren freigestellt, ihnen die bisherigen innegehabten Grundstücke zu nehmen oder zu lassen.

Ferner durften die Bauern und ihre ältesten Söhne das Dorf unter keiner Bedingung mehr verlassen, das heifst, sie wurden schollenpflichtig. —

Die jüngeren Söhne konnten nur mit Erlaubnis des Grundherrn weggehen.

Der Bauer durfte nicht auswärts verhaftet werden, sondern der Gläubiger mufste sich mit seinen Ansprüchen an den Grundherrn wenden. Die Bauern durften nicht in den geistlichen Stand eintreten, und schliefslich wurde bestimmt, dafs ein Nicht-Edelmann kein Land mehr durch Kauf erwerben durfte; soweit Bauern noch freies Land im Besitz hatten, sollten sie es innerhalb 4 Jahren verkaufen.

So war auf einmal dem Bauern seine persönliche Freiheit genommen, seine Erbpacht galt nicht mehr, und der Weg zum Erwerb von freiem Grundeigentum war ihm verschlossen.

Alle folgenden Anordnungen, die die Könige erliefsen, waren nur Ergänzungen und Erweiterungen dieser Statuten von 1496.

Der Adel begründete die Notwendigkeit dieser Mafsregeln damit, dafs die Bauern unter dem Vorwand, die Pacht zu wechseln, oder nach der Stadt in die Lehre zu gehen, ihre Grundstücke verliefsen und vagabondierten, wodurch die Landwirtschaft durch Mangel an Arbeitern geschädigt wurde.

---

¹) Al. Maciejowski, ibidem, Seite 149 und folgende.

Die Verschlechterung der Lage der Bauern geht immer weiter fort bis zur zweiten Hälfte des XVIII. Jahrhunderts.

Im Jahre 1520, anfangs in Thorn und nachher in Bromberg, hat der Landtag (sejm) beschlossen¹): jeder Bauer müsse das ganze Jahr hindurch einen Tag wöchentlich für seinen Grundherrn arbeiten. Im Jahre 1543 wurde bestimmt, dafs kein Grundherr einen fremden Bauern bei sich ansiedeln dürfe.

Die Flüchtlinge mufsten vielmehr ihrem früheren Grundherrn ausgeliefert werden.

Derselbe hat das Recht, die Zinsen und Arbeit, die ihm die Bauern zu liefern verpflichtet sind, zu vergröfsern. Niemand kann ihm dasselbe verbieten, weil das Recht „tamen in arbitiis dominorum suorum remenere debet." (Taszycki fol. L. XXV.)

Seit der völligen Union Lithauens und Polens 1569 hat sich die Lage der Bauern noch verschlechtert.

Endlich im Jahre 1573 hat der erste der Wahlkönige, Heinrich de Valois, dem Bauern das Recht genommen, sich als freie Persönlichkeit vor Gericht zu stellen, vielmehr mufste er durch den Herrn vertreten werden. Er selbst wurde der Jurisdiktion des Grundherrn unterstellt, der ihm Strafen und ungemessene Dienstpflichten nach Belieben auflegen konnte.

Eine gerichtliche Beschwerde gegen den Herrn stand dem Bauern nicht mehr zu.

Auf diese Weise waren innerhalb des Zeitraumes von 1496 bis 1573 alle die Schutzmafsregeln, welche die Statuten von Wislica für die Bauern getroffen hatten, vollständig aufgehoben. Von dieser Zeit an existierten nicht mehr freie Bauern, sondern nur Unterthanen.

Sogar das Wort „Kmieć, Kmetho", welches früher einen freien Bauer, Pächter oder Erbpächter bedeutete, wurde in der Gesetzgebung anfangs sorgfältig vermieden, später trat es wieder hervor, aber mit anderer Bedeutung, dem Colonus oder Unterthanen identisch.

Der Ausdruck „Kmethonibus et colonis" wurde durch „Kmethonibus vel colonis" ersetzt.

Nur auf den Krongütern blieben eine Zeitlang die Verhältnisse unverändert, und die Bauern leisteten ihre Abgaben in dem früher bestimmten Mafse.

¹) Hec lex pro his tantum constituta est, qui minus quam diem in septimana nobis et dominis eorum laborare soliti erant. Acta Tomiciana V 134 Taszycki fol. L. XXV.

Erst im Jahre 1598 trat eine teilweise Verschlechterung der Lage der Kronbauern ein. Es wurden nämlich die bisherigen Krongüter eingeteilt in solche für den speziellen Bedarf des Königs und des Staates, die verpachtet wurden und in sogenannte „Starostwa", die verdienten Leuten als lebenslängliches Lehn vergeben wurden. Die Starosten (Lehnsträger) suchten möglichst viel aus den Bauern herauszupressen, die ihnen gegenüber rechtlos waren.

Der Wohlstand der Bauern ging immer mehr zurück. Ihre Lage wurde immer unerträglicher, die Höhe der Abgaben hinderte jede Möglichkeit der Abzahlung. — Da dem Bauern jederzeit das Grundstück weggenommen werden konnte, hatte er kein Interesse an einer besseren Bewirtschaftung.

Sehr drastisch charakterisiert die Lage der Bauern in Polen König Stanislaus Leszczynski in seinem Werke: Lettres d'un Philosophe Bienfaisant Seite 170: „Polen ist das einzige Land, wo die Masse des Volkes aller Rechte der Menschheit entbehrt. Hier verdammt ein Edelmann seinen Unterthan zum Tode selbst ohne jegliche legitime Gründe und noch häufiger ohne rechtliches Verfahren und ohne alle Förmlichkeit.

Wir betrachten die Bauern als Geschöpfe einer ganz anderen Art und verweigern ihnen fast die Luft, die sie mit uns einatmen, machen zwischen ihnen und den Tieren, die unsere Felder pflügen, kaum einen Unterschied. Oft schonen wir sie weniger als die Tiere und nur zu häufig verkaufen wir sie an ebenso grausame Herren, welche sie zwingen, ihnen durch ein Übermafs der Arbeit den Preis ihrer neuen Knechtschaft zu bezahlen.

Mit Schaudern erwähne ich das Gesetz, welches jedem Adeligen, der einen Bauern tötet, nur eine Geldbufse von 15 Franks auferlegt."[1])

Es erhoben sich zwar hie und da Stimmen, die für eine Besserung der Lage der Bauern eintraten, doch waren sie machtlos gegenüber der allgemeinen Meinung, die die Knechtschaft des Bauern für die Voraussetzung des Wohlstandes des adeligen Grundbesitzers erklärte.

Der erste König, der für die Verbesserung der Bauern eintrat, war Johann Kasimir, der in Lemberg im Jahre 1656 erklärte, dafs er mit allen Kräften nach glücklicher Beendigung der Kriege mit den Schweden und Kosaken sich mit der Verbesserung der Lage der Bauern beschäftigen werde.

---
[1]) Bei Sugenheim, Geschichte der Aufhebung der Leibeigenschaft und Hörigkeit in Europa, Seite 401—402. St. Petersburg 1862.

„Ich sehe mit tiefem Schmerze, dafs Gott, der höchste Richter, mein Vaterland seit sieben Jahren mit dem Gerichte aller Unglücksfälle heimsucht, um die Unterdrückung und die Leiden der Plebejer zu rächen; ich gelobe, unmittelbar nach Herstellung des Friedens in Gemeinschaft mit allen Ständen der Republik wirksame Mafsregeln zu ergreifen, damit das Volk meines Vaterlandes künftig gegen Unterdrückung und Tyrannei geschützt sei." [1])

Dies gelang ihm aber nicht, und erst im Anfang des XVIII. Jahrhunderts fingen verschiedene hervorragende Persönlichkeiten an, auf ihren Gütern die auf den Bauern liegenden Lasten zu mildern.

Im Jahre 1776 greift die Regierung ein, um die Lage der Bauern zu verbessern.

Im Jahre 1776 erging der erste Erlafs, der die Tendenz zeigt, die Lage der Bauern zu erleichtern. Es wird nämlich in ihm bestimmt, dafs ein Bauer, der seinem Herrn entflohen ist, nur gerichtlich reklamiert werden darf, wobei zu prüfen ist, ob nicht Grausamkeit des Herrn die Ursache der Flucht war.

Das bedeutet einen grofsen Fortschritt, wenn wir uns vergegenwärtigen, dafs jahrelang der Bauer nur der Jurisdiktion seines Herrn unterstand und vor Gericht durch ihn vertreten werden mufste, während er jetzt ihm selbständig gegenübertrat, und wenn wir ferner bedenken, wieviel Gesetze nur darüber erlassen waren, wie er die flüchtigen Bauern zurückbringen könne, während jetzt erst eine gerichtliche Entscheidung darüber ergehen mufste, ob er überhaupt das Recht habe, ihn zur Wiederkehr zu zwingen. — Auch die schon erwähnten Referendargerichte wurden reformiert und erweitert, um den Bauern im Falle von Mifsbräuchen der Herrscher die Beschwerde zu erleichtern.

Im Jahre 1778 war die Überzeugung von der Notwendigkeit einer Reform soweit verbreitet, dafs Andreas Zamoyski dem Reichstage einen Entwurf zu gänzlicher Neuordnung der bäuerlichen Verhältnisse vorlegen konnte, der alle Gesetze, die seit den Statuten von 1496 zu Ungunsten der Bauern erlassen waren, wieder aufhob und den ehemaligen Erbpachtbesitz wieder herstellte. —

Leider wurde dieser Entwurf abgelehnt, da die Mehrheit der Edelleute so radikalen Reformen nicht geneigt war. Immerhin war

---

[1]) Deutsch bei Sugenheim. Polnisch bei Lelewel („Betrachtungen über die polit. Zustände des ehemaligen Polens"), Seite 285.

die Thatsache, dafs man sich innerhalb des Reichstages zu Gunsten der Bauern ausgesprochen hatte, nicht ohne Einflufs auf die öffentliche Meinung. In den darauf folgenden Jahren unternahmen viele von den gröfseren Grundbesitzern,[1]) auf ihren Gütern selbständig die Bauern besser zu stellen, indem sie die persönliche Unterthänigkeit aufhoben, die Lasten und Frohnden verringerten und in vielen Fällen in Zinspflichten umwandelten. —

Diese Reformen waren wichtig, weil sie meist von den reichsten Besitzern unternommen wurden, die über Tausende von Bauern verfügten. —

Die meisten dieser Versuche zeigen den besten Willen, aber schwache Einsicht in die Bedürfnisse der Bauern.

Ihr Verdienst liegt wesentlich in dem grofsen Einflufs auf die öffentliche Meinung, die dadurch so weit vorbereitet wurde, um auf dem sogenannten vierjährigen Reichstage 1787—1791 den Bauern eine allgemeine Verbesserung ihrer Lage zukommen zu lassen. Die weltberühmte Konstitution vom 3. Mai 1791[2]) hob die Jurisdiktion des Grundherrn auf und unterstellte die Bauern dem allgemeinen Landrecht und sprach die rechtliche Gültigkeit der Verabredung zwischen Herrn und Bauer aus. — Die Aufhebung der grundherrlichen Jurisdiktion bedeutete, dafs der Bauer nach Jahrhunderten wieder eine selbständige Persönlichkeit geworden war, der in allen Fällen ohne Vertretung des Herrn sich vor Gericht stellen konnte und willkürlichen Mifsbräuchen des Herrn entzogen war. —

Die Konstitution von 1791 hat die Bauernfrage nicht endgültig gelöst; noch war die Freizügigkeit aufgehoben, die Abgaben nicht geregelt und viele andere Hindernisse zum Wohlstand nicht beseitigt. — Immerhin war es ein Fortschritt, dafs der herrschende Stand freiwillig, ohne vom König oder von den damals in völliger Apathie liegenden anderen Klassen gezwungen zu sein, auf seine unbegrenzte Herrschaft verzichtete und einen Teil seiner Prärogativen aufgab. —

Die Bestimmungen dieser Konstitution von 1791 konnten kaum viel Wirkung ausüben, da bereits im Jahre 1795 Polen unter die drei benachbarten Mächte geteilt wurde.

Die Entwicklung der polnischen Bauernverhältnisse wurde nun

---

[1]) Prinzessin Jablonowska, Bzostowski, Andr. Zamojski, Krasinski, Prinz Czartoryski, Potoccy, Stanislaus Malachowski.
[2]) Al. Maciejowski, ibidem, Seite 202—224.

durch die Politik des Reiches bestimmt, dem die einzelnen Teile Polens zugefallen waren. — Meine Aufgabe beschränkt sich nun im folgenden auf die Beschreibung der Lage der Bauern in dem Teile Polens, der im Jahre 1795 an Preufsen fiel, dann 1807 das durch Napoleon gegründete Herzogtum Warschau bildete und endlich seit dem Wiener Kongrefs als Königreich Polen unter russischer Herrschaft steht.

II.
Entwicklung der Bauernverhältnisse im Königreich Polen im XIX. Jahrhundert.

A. Unter der Regierung Preufsens und Österreichs.

Die Politik Preufsens in dem ihm zugefallenen Teile Polens gegenüber den Bauern ging dahin, alles im wesentlichen beim alten zu lassen und sie nur gegen Willkür der Herrn zu schützen; persönliche Freiheit wurde ihnen nicht gewährt, dagegen wurden sie dem Schutze der Ortsbehörden unterstellt, denn da die Konstitution von 1791 aufgehoben war, standen die Bauern wieder unter Jurisdiktion der Besitzer. — Doch ernannte die preufsische Regierung für jeden Bezirk einen sogenannten Justitiar, der alle wichtigen Urteile der Grundherrn zu prüfen hatte und bei dem sich die Bauern beschweren konnten.[1]

Schon im Jahre 1806 hat Napoleon der preufsischen Regierung ein Ende gemacht, indem er aus dem Preufsen abgenommenen Gebietsteile das Herzogtum Warschau machte und es dem Könige Friedrich August von Sachsen unterstellte.

B. Die Epoche des Herzogtums Warschau.

1. Allgemeine Schilderung der Bauernverhältnisse.

Das von Napoleon gebildete Herzogtum Warschau zählte auf

---

[1] Österreich hatte nichts für die Verbesserung der Lage der Bauern in den ihm zugefallenen polnischen Provinzen Krakau, Lublin, Radom und Siedlce gethan. Dieselben wurden bald im Jahre 1809 dem Herzogtum Warschau abgetreten.

einer Fläche von 1850 Quadratmeilen 2 319 396 Seelen.¹) Bei weitem der gröfste Teil dieser Menge fiel auf den Bauernstand.

Infolge der Leibeigenschaft, des Mangels an Elementarschulen, seines steten Fernbleibens von den Staatsgeschäften hatte dieser Stand seit Jahrhunderten keine Fortschritte gemacht. — In der gröfsten Unwissenheit befangen, der Trunksucht und dem Aberglauben ergeben, bebaute er schlaff und träge die Grundstücke seines Herrn, dem er selbst mit seiner Familie und seinem ganzen Eigentum gehörte. Da er eigentumslos war und bleiben mufste, so strebte er gar nicht danach, seine Lage zu verbessern und gewann dem äufserst fruchtbaren Boden nur soviel ab, als zu seiner mageren Beköstigung ausreichte. —

Im übrigen verhielt er sich vollkommen passiv, er kannte keinen eigenen Willen, keinen Widerstand gegen irgend welche Gewalt, mochte diese gesetzlich oder gesetzwidrig sein: seinem Herrn folgte er als Sklave, seinem Dorfpfarrer als treuer und gläubiger Kirchensohn, dem Juden als gutmütiger Mensch, der keinen Betrug und keine List argwöhnte. — Staatsgewalt kannte er fast nicht vor der seines mächtigen Herrn. —

„Er hatte," sagt Graf Skerbeck in seiner Geschichte des Herzogtums Warschau, „die ersten Grenzen des Aberglaubens überschritten, hinter denen der religiöse Fanatismus wohnt, war aber in der Bildung noch nicht so weit, dafs ihm der politische Fanatismus hätte bekannt sein können." (Seite 145.)

In solchem Zustande befand sich die zahlreichste Bevölkerung des neugebildeten Herzogtums Warschau, für welches Napoleon eine Konstitution am 22. Juli 1807 in Dresden diktierte, welche am 2. Dezember desselben Jahres in Kraft trat.²)

2. Gesetzgebung Napoleons in Bezug auf die Bauern.

Die Verhältnisse der Bauern wurden in der Gesetzgebung Napoleons nur im Allgemeinen berührt durch die Aufhebung der Unter-

---

¹) Bericht an den König von Sachsen vom Finanzrat Georg August Ernst Freiherrn von Manteuffel. Warschau, d. 28. Dez. 1808. Bezogen aus der Schrift „Die Finanzen des Herzogtums Warschau" (1806—1815). Posen 1890. St. v. Zoltowski. Band I Seite 8.

²) Erlafs Friedrich Augusts. König von Sachsen. Herzogs von Warschau v. 21. XII. 1807.

Abschrift aus dem Protokoll des Sekretariats § 1—5 bei Graf Uruski. Sammlung der Schriften zur Bauernfrage. II. Teil (Beilage).

thänigkeit und Gleichstellung aller Staatsbürger in Bezug auf persönliche Freiheit, Freizügigkeit und Erwerb von Eigentum. Der Erlafs des Königs Friedrich August vom 21. Dezember 1807 enthält nur eine Wiedergabe der Rechte, welche die Konstitution den Bauern verliehen hat. — Es war dem Bauer vor allem erlaubt, den Grundherrn zu verlassen, jedoch nur mit der Beschränkung, dafs er denselben vorher von seiner Absicht benachrichtigte. — Kauf- und Pachtverträge über Grundstücke zwischen Bauern und Grundherrn mufsten schriftlich abgeschlossen werden, um rechtliche Geltung zu erlangen, dabei hatten besondere Beamte die Rechte der Bauern zu wahren. Beim Abzug vom Dorfe hatte der Bauer die Grundstücke in Ordnung zu verlassen und alle landwirtschaftlichen Geräte und das Zugvieh dem Herrn abzuliefern. — Der Herr besafs kein Recht, den Abzug der Bauern zu verhindern. —

Etwaige Forderungen gegen sie mufste er gerichtlich einklagen. Auch seinerseit durfte der Herr den Bauer entsetzen und ihn eventuell als blofsen Arbeiter mieten. —

Durch das Einführen des Napoleonischen Kodex (am 1. Mai 1808 auf das am 27. Januar publizierte Dekret) wurden eigentlich alle Frohndienste beseitigt.

§§ 1779 und folgende betrachten die Panszczyzna als das gröfste Unrecht.

In den Vorschriften für die Pacht und Pächter wird gesagt, dafs der Pachtpreis nur aus Geld (Art. 1709) oder Bodenerzeugnissen (1763) bestehen könne. Andere sogenannte Verpflichtungen agendi (Arbeit) als Zahlungsmittel für Pacht existieren nicht, und Niemand kann zu denselben gezwungen werden (1780).

3. Wirkung der Gesetzgebung Napoleons.

Theoretisch war also nach dieser Gesetzgebung die Lage der Bauern eine bessere als früher. — Praktisch hatte sie sich aber sehr wenig verändert.

Das Recht der Bauern, Grund und Boden zu kaufen, war illusorisch, da sie kein Geld auftreiben konnten, um davon Gebrauch zu machen.

Ebenso war es mit dem nunmehr gewährten Pachtrecht. —

Die Verträge sollten schriftlich abgeschlossen werden: dazu waren die schreibunkundigen Bauern nicht zu bewegen, da sie in ihrem Mifstrauen stets Übervorteilung fürchteten. Ferner gehörte auch zur Übernahme einer Pacht, zur Anschaffung des Inventars etc. Geld, das ihnen nicht zu Gebote stand. —

Die alten Frohndienste bestanden also weiter fort. —

Die Gesetzgebung von 1807 rief zwar die Gemeinde ins Leben, schwieg aber gänzlich von der Verfassung derselben. —

Das französische System pafste eben nur für Gemeinden mit eigenem Vermögen, während in Polen der Grundherr für alle Bedürfnisse des Dorfes sorgen mufste und die Bauern in ökonomischer Abhängigkeit erhielt.

Deshalb wurde der Grundherr zum Vogt (Wójt) ernannt, eine Stellung, die etwa der des deutschen Amtsvorstehers entspricht. Er hatte als solcher die Gemeinde von den Bestimmungen der höheren Behörden zu benachrichtigen, alle Dorfinstitutionen zu beaufsichtigen, Brücken und Wege in Stand zu halten, die Umlegung der Steuer vorzunehmen. Er war zugleich Besitzer des gesamten Grund und Bodens und höchster Polizeibeamter in der Gemeinde, was ihm natürlich eine absolute Übermacht sicherte.

Die Bauern machten von dem einzigen Recht, das ihnen wirklich gegeben worden war, dem ihrer Freiheit, wirklichen Gebrauch und verliefsen zahlreich ihre bisherigen Herren. —

Als man ihnen die Freiheit verkündigte, glaubten sie meist, dafs die bisher von ihnen bebauten Grundstücke ihnen zufallen sollten. Als sie sich darin enttäuscht sahen, verliefsen sie die Dörfer in der Hoffnung, anderswo weniger anstrengenden Erwerb zu finden, oder Grundstücke zu günstigeren Bedingungen bei anderen Herren zu erhalten, oft auch ohne sich überhaupt zu überlegen, was sie anfangen sollten. Die Folgen dieser Massenbewegung waren für den Bauernstand und die Grundbesitzer gleich schädlich. Ein auswandernder Bauer mufste, wie gesagt, seinen ganzen Besitz zurücklassen, die ihm übergebenen landwirtschaftlichen Geräte mufste er tadellos zurückgeben, um nicht einen Schadensersatzanspruch des Herrn gegen sich zu begründen.

Von letzterem Mittel machten die Herren reichlichen Gebrauch, um den Bauern den Abzug möglichst zu erschweren. —

Der Bauer verliefs sein Grundstück, welches er jahrelang bebaut hatte, um in einem fremden Dorfe, dessen Verhältnisse er nicht kannte, ein fremdes Grundstück zu übernehmen. — Geschah es aber, dafs der Bauer überhaupt kein Grundstück erlangen konnte und nicht einen anderweitigen Erwerb fand, so verfiel er nach Erschöpfung seiner Mittel in tiefes Elend und griff nicht selten zu Raub und Diebstahl.

Richtig bemerkte Minister Badeni: das Gesetz vom Jahre 1807 hat zwar die Bauern von der Fessel befreit, zog aber denselben die Stiefel ab. Das Herzogtum Warschau hat mit dem Sturze Napoleons sein Ende genommen; auf dem Wiener Kongresse wurden die Distrikte Posen und Bromberg Preufsen abgegeben, die übrigen als Königreich Polen unter russische Oberhoheit gestellt. —

C. Unter russischer Oberhoheit.

1. Die Periode von 1815—1846.

a) Lage der Bauern auf den Staatsdomänen.

Kaiser Alexander I. gab dem neugebildeten Königreich (das 2320 Quadratmeilen mit einer Bevölkerung von 2 717 287 Einwohnern zählte) eine Konstitution. — Obgleich er versprach, die Bauernfrage zu regeln, blieben doch die Verhältnisse auf den Privatgütern unverändert. Nur auf den Staatsdomänen hat sich die Regierung bemüht, den Bauern wirklich zu helfen, statt ihnen allein das kahle Geschenk der persönlichen Freiheit zu geben.

Am 1. Juni 1817 wurden auf den Staatsdomänen alle unbestimmten und Zwangs-Leistungen der Bauern aufgehoben.[1]) Drei Jahre später, also im Jahre 1820, sollten auch die Frohndienste durch Geldpachtzins ersetzt werden, der für jeden einzelnen Bauern durch Taxierung des ihm zu Gebote stehenden Grund und Bodens, der Gebäude festgestellt wurde. Der Übergang von Frohndiensten zum Geldpachtzins war aber nicht obligatorisch, deshalb machten nur wenige Bauern davon Gebrauch. Das Gesetz von 1820 wurde im Jahre 1835 und 1843 durch die Ukaze des Czaren Nikolaus erweitert auf die Güter, die nach dem Aufstande von 1830—1831 konfisziert und russischen Generälen und höheren Beamten für Verdienste geschenkt worden waren.

In die Verhältnisse der Bauern auf den Privatgütern griff die Regierung nur soweit ein, dafs sie die Freizügigkeit der Bauern beschränkte. Jeder Bauer, der freiwillig seinen Wohnort verliefs[2]) und

---

[1]) Tagebuch der Gesetze, Band XIII, Seite 323, 421.
[2]) Tagebuch der Gesetze, Band XIII, Seite 228.

einzeln gefangen wird, soll als Vagabonde angesehen werden und als solcher bestraft, diejenigen, welche sich in den Wäldern in gröfserer Zahl ansammeln, sollen als Räuber betrachtet werden.

Diese Gesetze stellen uns klar vor, dafs die Lage der Bauern auf den Privatgütern unerträglich sein mufste.

b) Angaben über die Lage der Bauern auf einem Privatgute im Gouvernement Lublin im Jahre 1825 aus den Registern bezogen.

Als Beispiel der allgemeinen Lage der Bauern in den Privatgütern kann uns folgendes dienen.

Auf einem im reichen, lehmigen Boden gelegenen Gute hatten die Bauern Hufe mit 18 Morgen liegenden Grund und Boden. Um denselben zu bebauen, bekamen sie 1 Paar Ochsen und die nötigen Geräte.

Da Dreifeldwirtschaft überall getrieben wurde, so hatten sie nur $2/3$, also 12 Morgen alljährlich zu bestellen.

Nach den Registern vom Jahre 1825 war der durchschnittliche Ertrag 4 Körner vom Wintergetreide und $3^1/_2$ Körner vom Sommergetreide.

Von der bestellten Fläche erhielt er also 24 Korzec Weizen und Roggen und 26 Hafer und Gerste. Davon mufste er noch $1/_{10}$ für die Kirche abgeben. Dann war abzugeben für Saat 6 Korzec Winterung und $7^1/_2$ Korzec Sommerung. So blieb ihm nur übrig etwa $15^1/_2$ Korzec Winterung und 16 Korzec Sommerung.

Um noch die Steuern zu zahlen, und zwar an

Rauchfangsteuer	2 Rubel —	Kopeken
Quartiergeld	2 „	55 „
Scharwerk	— „	90 „
Transport u. Rekrutengeld	— „	10 „
Zusammen	5 Rubel	55 Kopeken,

mufste der Bauer wenigstens 3 Korzec Wintergetreide, in diesem Falle Weizen, verkaufen.[1]

Es blieb ihm also nur etwa $12^1/_2$ Korzec Winterung und 16 Sommerung. Mit diesen 28 Korzec mufste sich die ganze Bauernfamilie das ganze Jahr hindurch ernähren.[2] Aufser der notwendigen Arbeit auf seinen 18 Morgen mufste der Bauer auf dem grundherr-

---

[1] Die Kartoffeln waren im Jahre 1825 den Bauern des besprochenen Gutes gar nicht bekannt.
[2] Siehe Beilage: Preise der verschiedenen Produkte.

lichen Acker 156 Spann-Tage und 164 Hand-Tage leisten, und aufserdem noch andere bestimmte Arbeiten ausüben:
1. Aus ½ Korzec Hirse Grütze bereiten.
2. Kohlrüben pflanzen und begiefsen.
3. Alle 15 Tage die Kamine reinigen.
4. 20 Garnmotten jährlich abgeben.
5. Endlich müssen jede Nacht vier Bauern als Nachtwächter sich stellen.

Um sich das für Deckung anderer Bedürfnisse nötige Geld zu schaffen, mufste der Bauer Arbeit bei dem Grundherrn suchen für einen minimalen Lohn, z. B. für einen Tag mit Sense 10 Kop., mit Sichel 7½, mit Axt 6, mit Rechen und für Ausjätung des Weizens 3 Kop.

Soweit ich die Register verfolgen konnte, verdiente eine Bauernfamilie, die aus Mann, Frau und drei erwachsenen und einem kleinen Kinde bestand, jährlich etwa 15 Rubel. Es ist klar, dafs in solchen Zuständen die Lage der Bauern unerträglich wurde, besonders wenn eine Mifsernte oder Krankheiten eintraten.

In manchen Gütern waren die Verhältnisse noch schlimmer, wo z. B. Frohndienste gröfser waren (bis 180 Tage jährlich vom Hufe) in anderen wieder, wo die Frohndienste geringer waren, aber grofse Abgaben in Naturalien bestanden. —

In den dreifsiger Jahren war in solchen Gütern das Elend so grofs, dafs die Bauern massenhaft ihre Grundstücke verliefsen und auf andere verzogen, namentlich nach Osten. Auf die Weise sind viele neue Dörfer (sogenannte Maydany in den Gouvernements Lublin und Siedlce) entstanden.

Auf dem oben erwähnten Gute entstanden so zwei neue Dörfer mit 33 Hufen, die von dem Gutsbesitzer erbaut wurden. Zu jedem Hufe gehörten 10 Morgen Acker. Die Bauern mufsten dafür 104 Tage zu Fufs arbeiten.

c) Umwandlung der Frohndiente in Zins auf den Gütern des Grafen Zamoyski und Markgrafen Wielopolski, die als Muster für andere Gutsbesitzer gedient haben.

Auch auf manchen Privatgütern wurden aber schon in den dreifsiger Jahren die Frohndienste in Zins umgewandelt. So zum Beispiel wurden auf dem gröfsten Majorate des Grafen Zamoyski 14000 Bauernfamilien von Frohndiensten befreit.

Die Bauern waren verpflichtet 156 Tage jährlich Handdienste zu leisten und ausserdem 6 Tage zur Erntezeit.

Bei Berechnung des Zinses, den die Bauern zu entrichten hatten, hat man 1 Tag während der Erntezeit mit 12 $\frac{1}{2}$ Kop. berechnet.

6 Tage à 12$\frac{1}{2}$	— Rubel 75 Kopeken.
Dann von den 156 Tagen im Juli und August à 10 Kopeken	2 „ 60 „
alle übrigen 130 à 7$\frac{1}{2}$	9 „ 75 „
zusammen also hatte jede Bauernfamilie für die abgelösten Frohndienste zu entrichten.	13 Rubel 10 Kopeken

Dabei wurden alle sonstigen Abgaben (Daniny wie Hühner, Eier) mit 60 Kop. berechnet. Zusammen mufste der Bauer also 13 Rubel 70 Kop. entrichten

Gleich nach der Erklärung dieser Mafsregel im Jahre 1834 kamen 808 Bauern, die diese neue Ordnung annehmen wollten. — Im nächsten Jahre 2052, so dafs im Jahre 1845 11 839 Bauern der Frohndienste ledig waren. Das Beispiel giebt nur einen Beweis dafür, wie schwer für die Bauern die Frohndienste gewesen sind und wie gern sie sich von denselben emanzipierten. Dem Beispiele des Grafen Andreas Zamoyski folgten andere Grundbesitzer, deren jeder nach eigenem Gesichtspunkte die bäuerlichen Verhältnisse einzurichten suchte. So berechneten z. B. Graf Johann Zamoyski und Markgraf Alexander Wielopolski die Gröfse der Zinsen, die die Bauern nach der Aufhebung der Frohndienste entrichten sollten, nach dem Werte des ihnen abgetretenen Grund und Bodens, der Gebäude, des lebenden und toten Inventars u. s. w. Diesen festbestimmten Zins mufsten die Bauern jedes Dorfes solidarisch abgeben. Mit den Gemeinden wurden schriftliche Kontrakte gemacht, so dafs die ganze Organisation unter dem allgemeinen Rechte stand, während in dem Majorate des Grafen Andreas Zamoyski, wo keine Kontrakte existierten, der Grundherr in der That Gesetzgeber und absoluter Richter blieb. Jede Gemeinschaftlichkeit, also Wald- und Weide-Servituten, wurde aufgehoben.

Das Recht aber des Domini directi und namentlich die Propination, Jagd, Fischereirecht wurden beibehalten.

Wie nun der Zins festgesetzt war, sieht man aus den mir zu Gebote stehenden Büchern der Güter des Markgrafen Wielopolski. Von einem Hufen, der 14 $\frac{1}{2}$ Morgen Boden besafs, mufste der Bauer bezahlen:

a) 5 %, vom Werte der Gebäude, was eine Summe von 33 Gulden 7 Groschen repräsentierte, [1]
b) 5 % vom Werte des ausgesäten Samens (2 Guld. 23 Groschen),
c) 5 % vom lebenden und toten Inventar (es wurden keine gegeben),
d) Ertrag vom Grund und Boden

$\frac{1}{2}$	Morgen	Weizenboden I. Klasse	à	13	Guld.	21	Gr.	6 Guld.	$20\frac{1}{2}$	Gr.
2	„	Roggenboden I.	„ à	8	„	28	„	17 „	26	„
5	„	„ II.	„ à	5	„	1	„	25 „	5	„
4	„	„ III.	„ à	2	„	23	„	11 „	2	„
$\frac{1}{2}$	„	Wiese II.	„ à	16	„	13	„	8 „	$6\frac{1}{2}$	„
$\frac{1}{2}$	„	Ackerwiese II.	„ à	8	„	23	„	4 „	$11\frac{1}{2}$	„
2	„	gemeinschaftlicher Weide III. Kl.	à	22	Gr.			1 „	14	„

zusammen 74 Guld. $25\frac{1}{2}$ Gr.

Wert des jährlichen Heizungsmaterials 15 Guld.
Wert der jährlichen Waldweidebenutzung 5 „

zusammen also 74 Guld. $25\frac{1}{2}$ Gr.
20 „ — „
36 „ „
130 „ $25\frac{1}{2}$ Gr.

Davon wurde abgezogen $\frac{1}{6}$ Teil des Ertrages
auf aufserordentliche Fälle 21 Guld. 24 Gr.
Steuer 10 „ 20 „
Abgaben an die Kirche 5 „ — „
zusammen 37 Guld. 14 Gr.

Netto also 130 Guld. $25\frac{1}{2}$ Gr.
37 „ 14 „
93 Guld. $11\frac{1}{2}$ Gr. [2])

Auf solche Weise veränderte sich allmählich die Lage der Bauern auch auf anderen Privatgütern.

Schon im Jahre 1846 waren von der Gesamtzahl aller bäuerlichen Ansiedlungen, 207 882, die auf den Privatgütern sich fanden (hier werden nur diejenigen gerechnet, die nicht kleiner als 3 Morgen waren) 44 117 auf den Pachtzins gestellt; 28 750 Ansiedlungen aufser dem Zinse hatten nur ganz kleine Frohndienste zu leisten. Nähere

---

[1]) Gulden = 15 Kopeken.
[2]) 93 Guld. $11\frac{1}{2}$ Groschen = 14 Rubel.
Wielopolski ging bei Feststellung dieser Summe davon aus, dafs die Frohndienste als Entgelt für die Benutzung des Grund und Bodens und der Gebäude existieren. Die Steuern und Abgaben an die Kirche waren abgezogen, weil der Gutsbesitzer dieselben nicht mehr zu entrichten brauchte.

Angaben über die gegenseitige Stellung zwischen dem Herrn und dem Bauer giebt folgende Tabelle.

(Dieselbe läfst auch die Zahl und Stellung der ausländischen Bauern meistens deutscher Nationalität erkennen.)

Tabelle
der bäuerlichen Ansiedlung auf den Privatgütern.

Art der Bauern die Ansiedlungen besitzen	Ausländische Bauern	Landeseingeborne Bauern	Zusammen
A. Zinsbauern, die infolge:			
a) gesetzlicher Kontrakte { ewiger	2210	18 624	20 834
{ zeitlicher	163	2 275	2 438
b) Privat-Kontrakte { ewiger	90	1 679	1 769
{ zeitlicher	28	2 478	2 506
c) ohne dieselben wohnen	136	16 434	16 570
	2627	41 490	44 117
B. Zins- und Frohnbauern, die infolge:			
a) gesetzlicher Kontrakte { ewiger	1064	9 967	11 031
{ zeitlicher	126	1 597	1 723
b) Privat-Kontrakte { ewiger	217	2 899	3 116
{ zeitlicher	84	4 169	4 253
c) ohne dieselben wohnen	34	8 593	8 627
	1525	27 225	28 750
C. Frohnbauern, die infolge:			
a) gesetzlicher Kontrakte { ewiger	—	6 743	6 743
{ zeitlicher	—	543	543
b) Privat-Kontrakte { ewiger	—	2 681	2 681
{ zeitlicher	—	4 256	4 256
c) ohne dieselben wohnen	—	120 792	120 792
		135 015	135 015
Insgesamt	4152	203 730	207 882

Es konnte eigentlich nichts anderes zu Gunsten der Bauern geschehen, da der Kaiser Nikolaus sich auf den Grundadel stützte und die Unterthänigkeit der Bauern für eine der Grundlagen des russischen Staatslebens erklärte. —

Obwohl also Czar Nikolaus dem Gedanken, Eigentum zu geben, ganz fern stand, zwangen ihn doch politische Ereignisse, die Agrarfrage in Polen ins Auge zu fassen. Ausländische Emissäre machten den Versuch, die Bauern zum Aufstande zu bewegen, indem sie ihnen für den Fall des Gelingens Grundeigentum versprachen. So war die Regierung gezwungen, etwas für die Bauern zu thun.

2. Die Periode von 1846—1863.

Am $\frac{26. \text{Mai}}{7. \text{Juni}}$ 1846 gab Kaiser Nikolaus I. in Warschau den Ukaz, den ich hier Wort für Wort angebe.

a) Der Ukaz vom Jahre 1846.

Wir von Gottes Gnaden Nikolaus I., Kaiser und Selbstherrscher aller Reufsen, König von Polen u. s. w.

Da in unserem Königreich Polen die Bauern nach der Erteilung der persönlichen Freiheit schon in den Reichsgütern seit 1831 in Betreff ihrer Verpflichtungen bedeutende Erleichterungen erfahren haben und ihre Existenz durch nach und nach angewandte Mafsnahmen immer mehr befestigt wird, während im Gegenteil die in den Privatgütern angesiedelten Bauern einzig von dem Willen der Gutsherrn abhängig sind, da keine bestimmte Mafsregeln in dieser Hinsicht vom Gesetz getroffen worden sind;

Da die Gutsbesitzer von diesem Zustande Vorteile ziehen, eigenmächtig die Bauern bedrängen, oder die längst von ihnen besessenen Grundstücke ganz oder teilweise abnehmen, wodurch hervorgerufen werden: die Vermehrung der grundlosen Bauern und ihre ofte Umsiedlung, welche einen schädlichen Einflufs auf die Wohlhabenheit und Sittlichkeit dieser nützlichen Bevölkerungsklasse des Landes ausüben;

Da endlich die in den Privatgütern ansässigen Bauern, aus Furcht die von ihnen längst bearbeiteten Grundstücke zu verlieren, oft gezwungen sind, schwere Bedingungen und Pflichten anzunehmen, welche durch die Besitzer willkürlich auferlegt werden, oder nur durch die Gewohnheit begründet sind,

haben Wir es als unentbehrlich erkannt, bevor die allgemeinen Vorschriften über die Einrichtung der Bauern ausgegeben werden, die einleitenden Grundsätze zu bestimmen und deshalb wollen Wir haben:

Artikel 1.

Die in den Städten und Privatgütern ansässigen Bauern, welche wenigstens 3 Morgen Land für sich bearbeiten, sollen das von ihnen bisher benutzte Land und andere Berechtigungen in Zukunft benutzen, solange sie die damit verbundenen Pflichten gewissenhaft ausüben werden, und die Grundbesitzer dürfen nicht eigenmächtig den Bauern die Grundstücke abnehmen, noch sie verkleinern, noch ihre Pflichten erhöhen, die Bauern sind aber berechtigt, sich von einem Gute auf andere überzusiedeln, wenn sie nur die in dieser Hinsicht existierenden polizeilichen Vorschriften befolgen und es drei Monate, vom Anfang des Wirtschaftsjahres an, dem Besitzer zur Kenntnis bringen.

Artikel 2.

Es wird Pflicht des Besitzers sein, die von den fortziehenden Bauern verlassenen Ansiedlungen spätestens im Laufe von zwei Jahren mit andern Bauern anzusiedeln, ohne aber die zugehörigen Grundstücke den Grundstücken der Vorwerke einzuverleiben.

Artikel 3.

Von den in den Privatgütern unter verschiedenen Namen existierenden unentgeltlichen Dienstleistungen und gezwungenen Mieten sollen alle, die nicht auf gesetzlicher Grundlage bleiben, durch den Administrationsrat (Rada Administracyjna) abgeschafft werden: in den Privatgütern, welche in der Administration der Eigentümer verbleiben, vom 20. Dezember (1. Januar) 1846 7 an, und in denjenigen Gütern, welche auf Grund gesetzlich verfafster Kontrakte vor dem 20. Dezember (1. Januar) 1845 6 verpachtet sind, vom Datum der Expiration der Kontrakte an. —

Artikel 4.

Zur Auseinandersetzung und Entscheidung der Streitigkeiten zwischen den Besitzern und den Bauern auf eine möglichst nachsichtige und kurze Art soll „Rada Administracyjna" an Stelle des bisherigen Vorgehens, welches für die Bauern als nachteilig anerkannt ist, entsprechende Vorschriften ausgeben, welche auf die speziellen Formen des Vorgehens hinweisen und die gesetzliche Gewalt bestimmen, welcher von jetzt ab solche Prozesse übergeben werden, und vorläufig wird diese „Rada" den Administrationsbehörden auftragen, möglichst sorgfältig darüber zu wachen, dafs die Abgaben und Pflichten der Bauern an ihre Grundbesitzer diejenigen nicht übertreffen, welche nach der Abschaffung der unrechtmäfsigen unbesoldeten Arbeitsleistungen und gezwungener Lohndienste sich als auf rechtmäfsiger Grundlage basiert erweisen und welche am 20. Dezember (1. Januar) 1845 6 existierten, auch nicht weniger, damit in den Prozessen der Grundbesitzer mit den Bauern die exakteste Gerechtigkeit ausgeübt werde und den zu beschützen, wem nach Recht die Fürsorge gebührt.

Artikel 5.

Den Besitzern, welche die Absicht gehabt haben, mit den Bauern in Betreff der Zinskontrakte zu schliefsen, sollen die administrativen Behörden die nötige Hilfe und Fürsorge bieten, dennoch sollen Kontrakte dieser Art mit ausführlichen Folgerungen durch die Gouvernementsbehörden der höheren Regierungsbehörde, welche „Rada Administracyjna" dazu bestimmen wird, zur Bestätigung vorgelegt werden.

Artikel 6.

Die Erbpächter der Staatsdomänen wie auch derjenigen, welche zum Edukationsfonds, den Instituten und den Gemeinden gehören, sind verpflichtet, die bleibenden Landwirtschaft treibenden Bürger und Bauern ihre bisherigen Besitzungen behalten zu lassen und dürfen keine neuen Verpflichtungen denjenigen auferlegen, welche unter Inventar oder anderem Titel beschrieben sind; die Streitigkeiten, welche hierbei entstehen können, sollen von entsprechenden Administrationsbehörden entschieden werden.

Artikel 7.

Mit der Ausführung dieses Unseren Willens und seiner allmählichen Entfaltung beauftragen Wir unseren Namiestnik, wie auch den Administrationsrat des Königreichs Polen.

Erlassen in Warschau, 26. Mai (7. Juni).

gez. Nikolaus.

a) Die Prästationstabelle.

Der Administrationsrat befahl sofort die Herstellung von sogenannten Prästationstabellen, die jedem Gutsbesitzer zum Ausfüllen gegeben worden sind. — Diese Tabellen enthalten 2 Hauptrubriken: die erste ist für die ganze Ausstattung der Bauern aufgestellt, die zweite für Aufzeichnung aller Pflichten derselben gegen den Grundherrn, Kirche, Gemeinde, Staat und Feuerversicherungsgesellschaft. — Hierbei erlaube ich mir, die Prästationstabellen eines Gutes im Kreise Lublin anzuführen, in der Hoffnung, dafs dieselben zur Aufklärung der Bauernverhältnisse in Polen sich nützlich erweisen werden — (cf. *β*. S. 24 ff.).

γ) Ergänzung des Ukazes von 1846 durch den Administrationsrat des Königreichs Polen.

Auf Grund solcher Prästationstabellen, von jedem Gutsbesitzer ausgefüllt und der Regierung unterbreitet, erliefs dieselbe im Namen Sr. Majestät des Kaisers Nikolaus I. eine Anordnung, die ich hier Wort für Wort angeben will:

Im Namen Sr. Majestät Nikolaus I., Kaisers aller Reufsen, Königs von Polen u. s. w. Der Administrationsrat des Königreichs.

In Ausführung des Allerhöchsten Ukaz vom 26. Mai (7. Juni) 1846 bestimmt der Administrationsrat des Königreiches nach Erforschung der Natur der unentgeltlichen und besoldeten, aber erzwungenen Dienstleistungen, welche in den bürgerlichen wie ländlichen Privatgütern existieren, dafs:

die Bauern in den genannten Gütern aufser den Frohndiensten und anderen determinierten landwirtschaftlichen Arbeiten noch andere besondere Arbeiten ausführen, welche zu der Zahl der unentgeltlichen Dienstleistungen (Darmochy) gehören, welche weder durch die Menge der Arbeit noch durch die Gröfse des Gegenstandes noch durch die Zahl der Tage bestimmt sind, da den genannten Pflichten keine Kontrakte zu Grunde liegen, welche alle Bedingungen umschliefsen, die nötig sind, um sie in Kraft zu erhalten, so sind sie somit der gesetzlichen Gültigkeit enthoben. Da aus denselben Gründen die erzwungenen Lohndienste wie auch die Pflicht, einige Artikel für einen bestimmten Preis zu liefern, frei von einer gesetzlichen Begründung angesehen werden müssen, und da auf einigen Gütern unter dem Namen Darmochy (unentgeltliche Dienstleistungen) solche Arbeiten von den Bauern ausgeführt werden, welche nicht mit dem Reglement des Jahres 1807 abgeworfen wurden, so schlagen wir der Regierungskommission für innere und geistliche Angelegenheiten folgendes vor:

Artikel 1.

Von der Zahl unter verschiedenen Namen existierender unentgeltlicher Dienstleistungen werden diejenigen abgeschafft, welche weder in Betreff der

(Fortsetzung des Textes auf S. 29.)

β) Die Prästationstabellen vom Jahre 1846.

1.	2.	3.	4. Wieviel Morgen à 300 Ruten besitzt der Bauer							5. Hat er eigene Gebäude oder gehören dieselben dem Gundherrn						6. Bekommt der Bauer von dem Grundherrn Vorschüsse										
								Aussaat							Feuerversicherungs-		in der Aussaat		in lebendem Inventar					totem Inventar	
Nummer der Höfe nach Reihe	Vor- und Familienname der Bauern	Beschäftigt sich der Bauer mit Ackerbau oder Gewerbe, findet er nebenbei andere Verdienste u. welche?	Gartenland	Acker	Wiesen	Weide	Zusammen	Winterung	Sommerung in Korzec u.Garniec	Wohngebäude	Speicher	Scheunen	Feldscheune	Kuhstall	Schweinestall	summe in Rubeln u. Kopeken	Winterung	Sommerung in Korzec u.Garniec	Pferde	Ochsen	Kühe	Schweine	Wagen	Pflug	Eggen	Sense	Axt
			Morgen und Ruten																							
1	Paul Wojck	Nur mit Ackerbau	2|11	12|189	2|	—|—	16|200	5|—	7|16	1	—	1	1	1	1	Die Gebäude sind nicht versichert	2|160	—	—	2	—	—	1	1	—	—	—
2	Andr. Garaski																										
3																										

des Bauers

7.	8.	9.	10.	11.	12.
Gehört das Inventar zum eisernen Fonds, oder soll es der Grundherr im Mafs der Benutzung ergänzen?	Bekommen die Bauern Bau- und Brennmaterial umsonst oder für einen gewissen Entgelt?	Haben die Bauern das Recht, aufser einer gemeinsamen Weide im Walde auch die Bracke des Grundherrn zu dem Zwecke zu benutzen?	Bekommen die Bauern im Not- oder Unglücksfalle von dem Grundherrn einen Vorschufs?	Kann der Bauer an Ort und Stelle oder in der Nähe Arbeit finden? Benutzt er eine solche Gelegenheit?	Was für andere Momente können auf den Wohlstand des Bauern Einflufs haben?
In der Rubrik Nr. 6 angegebene Zahl der Ochsen und der Geräte darf keineswegs als eiserner Fonds angesehen werden. Dieselben würden den Bauern nur um die Arbeit zu beschleunigen, gegeben; sie können also jederzeit abgenommen werden in demselben Zustande, wie sie den Bauern zum Gebrauch gegeben worden waren.	Alle Gebäude der Bauern gehören dem Grundherrn, der auch umsonst Baumaterial für die Reparaturen liefert. — Was Brennmaterial betrifft, so können die Bauern einmal wöchentlich auf dem Boden im Walde liegendes Material sammeln. (Axt mitzunehmen ist verboten). Dafür sind die Bauern verpflichtet, Wachtbaudienste und andere sogenannte Darenszczyny zu machen.	Nein	Der Grundherr ist dazu nicht verpflichtet. Den fleifsigen Bauern, wenn sie in dringender Not sich befinden, wird von den Grundherren eine entsprechende Hilfe geleistet.	Nur auf dem Gute des Grundherrn werden die Bauern nach Bedarf zur Arbeit benutzt, wofür sie bares Geld bekommen.	Da es in der Gegend keine Fabriken giebt, so sind als einzige Quellen des Wohlstands der Bauern Arbeit und Fleifs anzusehen.

Pflichten der Bauern

13.	14.				15.			
Wie groſs sind die festbegrenzten wöchentlichen Frohndienste der Bauern?		Wieviel Tage jährlich aufser den festbestimmten wöchentlichen Frohndiensten muſs der Bauer für den Gutsherrn arbeiten, in welcher Jahreszeit, in welcher Art der Arbeit?		Bei welchen Arbeiten in besondern?	Wie groſs sind die aufsergewöhnlichen Zwangsdienstleistungen, sogenannte Darnochy, gewalty, prozniectuky, strize?			Zu welchen Arbeiten und Diensten sind die Bauern namentlich verpflichtet?
Im Sommer vom 23. April bis 11. Novbr.	Im Winter vom 11. November bis 23. April	Im Sommer vom 23. April bis 11. Novbr.	Im Winter vom 11. November bis 23. April		In Sommer		In Winter	
Spann- Hand- Dienste	Spann- Hand- Dienste	Spann- Hand- Dienste	Spann- Hand- Dienste		Spann- Dienste	Hand- Dienste	Spann- Dienste	Hand- Dienste
3 3	3 —	4 —	— —	Auf diesem Gute sind die Bauern verpflichtet, nur zur Erntezeit vom 1. Juli bis 1. Oktober vier Tage das Getreide in die Scheunen zu bringen.	—	—	—	—	1. Das ganze Spanngarn zu bereiten, jeder 20 Garnmotten dem Gutsbesitzer zu liefern. 2. jeder muſs von einem ½ Korzec Hirse Grütze bereiten. 3. Kohlpflanzen, begieſsen, behacken und Unkraut ausrotten. 4. das ganze Getreide im Winter wehen. 5. Schafe waschen. 6. der Reihe nach müssen zwei jede zwei Wochen die Schornsteine der gutsherrlichen Gebäude fegen. 7. Der Reihe nach vier Wache jede Nacht halten.

gegen den Grundherrn.

16.			17.				18.			19.				20.					21.
Können die Bauern noch zu anderer Arbeit gezwungen werden?			Ist der Bauer verpflichtet, Transportdienste zu leisten?				Zahlt der Bauer Zinsen (Grundzinsen)?			Giebt der Bauer Getreideabgaben ab?				Ist der Bauer zu anderen Abgaben (Daniny) verpflichtet?					Aus welchem Grunde hat der Bauer dem Gutsbesitzer Dienste zu leisten? Wenn infolge eines Privilegiums, wer hat es gegeben und wann? Wenn infolge eines gesetzlichen Kontraktes, wann, wo und unter welchen Behörden ist er verfasst? Wenn infolge einer privaten, mündlichen oder schriftlichen Übereinkunft, aus welcher Zeit? Aus welcher Zeit und welche Dienste werden infolge des von den Bauern erhaltenen Inventars oder einer Gewohnheit geleistet?
Im Sommer	Im Winter		Zu welchen namentlich und für welchen Lohn? pro Tag				Wieviel jährlich?			Roggen	Hafer (Torste)	Zusammen		(Gänse)	Kapaune	Hühner	Eier	Pilze	
Spann-Hand-Dienste	Spann-Hand-Dienste			Ein- oder zweispännig?	Wieviel Mal jährlich?	Wie weit? Zu welchen Orten?	Rubel	Ko-peken				Korzec und Garniec							
—	—		1. mit Sense 10 Kop.				—	—		—	—	—		—	—	3.30	—	—	Alle diese Arbeitspflichten und Abgaben stützen sich auf folgende Beweise und Dokumente:
			2. " Sichel 7½ "																1. Auf das Inventar von 24. Juni 1782, welches von dem Landesgerichtshofe bestätigt und unterschrieben worden war.
			3. " Axt 6 "																
			4. " Dreschflegel 7½ "																2. Kraft des am 28. August 1789 gezeichneten Inventars und Einkommens zur Erhebung der Steuer (Ofiara).
			5. " Rechen 3 "																
			6. " Ausgraben der Kartoffeln 3 "																3. Endlich stützen sich die Arbeitspflichten und Abgaben der Bauern auf alte Gewohnheit; dieselben würden nie in Widerspruch gestellt werden.
			7. " Ausreinigung von Weizen 3 "																
			8. " für Scheeren der Schafe ½ "																

Pflichten der Bauern gegen die Kirche				Pflichten der Bauern gegen die Gemeinde	Pflichten der Bauern gegen den Staat							Pflichten der Bauern gegen die Feuerversicherungsgesellschaft
22.				23.	24.							25.
Was der Bauer der Kirche schuldig ist?				Zu welchen Abgaben, Arbeiten und Diensten ist der Bauer verpflichtet?	Wieviel Steuer zahlt der Bauer jährlich?							Feuerversicherungssumme, die der Bauer jährlich zu zahlen verpflichtet ist.
An Geld		An Roggen		Aus welchem Grunde?						Zu wieviel Scharwerkstagen sind die Bauern verpflichtet?		
					Rauchfangsteuer	Kontingentpflicht	Scharwerk u. Wegesteuer	Für Transport der Vagabonden	Für Einzelnen der Rekruten			
		An Arbeit	Spann-HandDienste									
Rubel	Kopeken	Garnitze	Körzer		In Rubeln und Kopeken					Mit Gespann	Ohne Gespann	Rubel Kopeken
				Bei zu großer Entfernung von der Dorfschule sind die Bauern von den Schulgeldabgaben frei. Gemeinde-Magazine sind nicht eingeführt. Der Reihe nach leisten die Bauern Wachtdienste. Zu den Kommunikationswegen müssen die Bauern Scharwerk leisten. Der Gutsherr giebt das Material, welches die Bauern zusammenfahren müssen. Beim Waldbrande müssen die Bauern sich zur Rettung stellen.	2	2 55	90	5	5	1	2	Die Gebäude sind nicht versichert.

Zahl der Tage noch in Betreff der Ausdehnung noch der Art der Arbeit genau bestimmt sind, nicht weniger diejenigen, welche als persönliche Dienste für den Besitzer oder als geforderte Lieferung verschiedener Produkte für einen festgesetzten Preis gelten.

Diese unentgeltlichen Dienstleistungen sind folgende:

1. Gwalty, auch Tloki und Laski genannt, von der ganzen Bevölkerung mit Ausnahme der Greise und arbeitsunfähigen Kinder ausgeführt, bei den Getreide-, Heu- und Kartoffel-Ernten, welche weder in Bezug auf die Menge der Hände noch Zeit in ihrer Zahl determiniert sind.
2. Burg- und Baudienste im Sommer.
3. Das Auswerfen der Gräben und Furchen auf den Gutsfeldern.
4. Das Anfertigen der Motten und Strohseile zum Gebrauch des Gutsherrn von eigenem und auch Gutsstroh.
5. Die Ausführung von Handarbeiten auf dem Gutshofe des Morgens vor der Arbeitszeit.
6. Scharwerk zu den Gutsgebäuden.
7. Scharwerk zur Verbesserung der Wege.
8. Entwässerung der Gutsäcker.
9. Weizen, Hirse und Gartenfrüchte vom Unkraut zu reinigen.
10. Grabenbau.
11. Rechen der Quecken auf den Gutsfeldern.
12. Entwässerung der Wiesen.
13. Planierung der Gutswiesen.
14. Eingraben und Erneuerung der Grenzzeichen.
15. Waldstreurechen und das Einfahren desselben.
16. Besorgung der ganzen Kartoffelsaat und Ernte, wie auch aller Gewürzpflanzen.
17. Einrichtung der Gärten.
18. Pflanzen des Krautes, sowie seine weitere Pflege, auch das Einmachen des Krautes und der Rüben.
19. Schälen des Rettigs wie anderer Sommerfrüchte.
20. Das Ernten und Bearbeiten des Leins und Hanfs.
21. Das Sammeln einer bestimmten Menge Nadelholzrappen für Geldbelohnung.
22. Das Sammeln von Nadelholzrappen ohne Lohn wie auch das Sammeln von Eicheln.
23. Trocknen von Äpfeln und Birnen.
24. Bau und Reparaturen der Gutszäune.
25. Setzen der Obstbäume.
26. Pflücken der Erbsen und Schroten.
27. Setzen von Birken und Pappeln an den Gutsgebäuden und Wäldern.
28. Bearbeitung des Hopfens.
29. Die Leistung der Tag- und Nachtdienste zum Wohnhaus, den Gutsgebäuden, Braucreien und Brennereien, den Schänken, den Wohnhäusern der Beamten, verbunden mit der Pflicht, Holz zu hacken, die Öfen zu heizen, Wasser zu tragen. Mähen von Gras für das Vieh und andere ähnliche Dienste zu leisten.
30. Die Lieferung aufser dem Nachtwächter noch eines Wochenwächters.
31. Wöchentliche Hand- und Spann-Wachtdienste in der Zeit, wo keine Frohndienste geleistet werden.

32. Wachtdienste zum Hochofen in Bergwerksgütern.
33. Wöchentliche Wachtdienste, von Frauen ausgeführt.
34. Bewachen der Garben auf dem Felde während der Ernte.
35. Nachtdienste, welche von den Bauern selbst nicht ausgeführt werden, sondern durch jährlich gemietete Wächter, welche von den Bauern mit Geld und Naturalien besoldet werden.
36. Die Pflicht, die Wälder zu bewachen, die Förster von dem Schaden zu benachrichtigen und ihnen in der Festnahme der Defraudanten Hilfe zu leisten.
37. Bewachen der Schafe in den Hürden.
38. Bewachen des Holzes bei der Bereitung der Holzträfte, das Flöfsen desselben, wie auch des Korns, und das Ziehen der Flufsschiffe (Galeeren) gegen den Strom.
39. Die Saat.
40. Das Einfahren der Garben vom Felde und des Heues von den Wiesen.
41. Das Liefern des Getreides und der Wolle in die Städte.
42. Das Hin- und Rückfahren des Getreides von den Mühlen.
43. Lieferung der Fuhrwerke im Interesse des Gutes, wohin es nötig ist.
44. Reisen nach unbestimmten Orten, so oft es nötig ist.
45. Holzfällen zu Bau- und Heizzwecken.
46. Das Fahren des Holzes zur Sägemühle.
47. Das Hin- und Rückfahren eines jeden, welchem der Gutsherr es befiehlt.
48. Das Hinfahren der Gutslieferungen an Magazine.
49. Transport von Kohlen und Spiritus.
50. Transport des Spiritus zum Verkauf.
51. Verfahren von Spiritus zu den Schänken.
52. Transport neuer Bewohner und ihrer Sachen.
53. Transport des Salzes aus den Magazinen.
54. Fahren des Hofgesindes zur Kirche.
55. Transport von Molkereiprodukten, Obst und Gewürz in die Städte.
56. Transport von Kalk aus dem lokalen Löschofen.
57. Reinigen der Schornsteine.
58. Hüten des Gutsinventars und der Schweine.
59. Besorgung des Gutsinventars und der Schweine.
60. Hüten der Pferde in der Nacht.
61. Schicken der Mägde zum Melken oder Besoldung der Melkfrauen.
62. Ordnen der Garben in den Scheunen.
63. Wehen des Getreides.
64. Ausfahren und Ausstreuen des Düngers und Schlammes.
65. Boten zu Fufs für kürzere und längere Wege im Interesse des Gutsherrn.
66. Hintragen der Gutssteuer und Abgaben in die Staatskasse.
67. Ablieferung der privaten Briefe.
68. Lieferung der Weiber zum Waschen der Wäsche.
69. Lieferung der Gehilfen für die Küche.
70. Sammeln der Kräuter zu Kränzen.
71. Durchbrechen des Eises.
72. Fisch und Krebs fangen.
73. Reinigung der Gutswiesen.
74. Hinausführen des Gutsinventars auf die Jahrmärkte.

75. Reparaturen an den Gutsgebäuden.
76. Kochen des Futters für die Schweine im Winter.
77. Holzhacken.
78. Bierbrauen.
79. Anfertigen der Grütze und Gerste- und Weizengraupen.
80. Waschen der Fufsböden und Fenster.
81. Bearbeitung des Bauholzes.
82. Brechen des Eises zu den Eiskellern. .
83. Abziehen der Haut von gefallenem Vieh.
84. Kontrollierung der Frohndienste durch die Wächter.
85. Schneiden des Rohres.
86. Die Pflicht, Wasser für den Gebrauch des Gutes zu liefern.
87. Dienste der Frauen zur Butterbereitung.
88. Andere Frauenpflichten, Samodianie genannt.
89. Ausweben des Webematerials ohne Angabe der Zahl der Ellen.
90. Leinwandbereitung.
91. Waschen und Scheeren der Schafe unentgeltlich oder mit Zahlung von $1/2$—1 Kopeken für das Stück.
92. Rupfen der Gänse.
93. Sammeln und Liefern einer gewissen Zahl Feld- und Kalksteine.
94. Ausgeben zur Bleiche.
95. Sandfahren zur Ziegelei nach Bedarf.
96. Waschen des Fufsbodens.
97. Ölbereitung.
98. Brodbacken.
99. Reinigung der Brunnen.
100. Ausgeben zum Hetzen während der Jagd, wie das Abgeben des toten und lebendigen Wildes.
101. Laden der Boote auf der Weichsel.
102. Ein- und Ablassen des Wassers bei den Schleusen.
103. Reinigung der Teiche.
104. Malzbereitung.
105. Bepflanzen einiger Beete mit eigenen bäuerlichen Krautpflanzen zum Verkauf.
106. Wachtdienste, welche im Winter von den Bauern selbst ausgeführt uud im Sommer durch andere Dienstleistungen, sogenannte Strozyzny, ersetzt werden.
107. Schicken der Mägde auf ganze Wochen oder eine bestimmte Zahl von Tagen zur Bedienung der Herrschaft.
108. Besoldung mit Geld und Naturalien der Vieh- und Schweinehirten durch die Bauern.
109 Lieferung einer bestimmten Menge Asche ohne Entgelt oder für einen vom Gutsherrn bestimmten Preis.
110. Lieferung von Kindern zum Reinigen der Bäume von Ungeziefer und zum Pflücken des Obstes.
111. Suchen und Lieferung auf jedes Verlangen des Gutsherrn von Gesellen von tadelloser Führung.
112. Lieferung der Säcke, wenn es nötig ist.
113. Sold für den Dispositor der Frohndienste.

114. Lieferung von Sauerampfer, Beeren, Meerrettig, Wachholder und Berberitzen.
115. Arbeiten einige Tage hindurch für das Wasser aus dem Brunnen, welcher vom Gute erhalten wird.
116. Pflicht, eine bestimmte Menge Spiritus während der Ernte dem Gutsmagazin abzunehmen.
117. Die Erlaubnis, dem Gutsherrn auf den bäuerlichen Hausmühlen ohne Entgelt oder im Falle einer Absagung für eine gewisse Geldsumme zu mahlen.
118. Anfertigung und Lieferung einer bestimmten Menge von Stricken.
119. Zwangsweises Verpachten an die Komorniks und Neuvermählten von Gartenland gegen die Pflicht, einige beständige Frohndienste zu leisten.
120. Lieferung einer bestimmten Zahl von Strohgarben.
121. Pflicht, dem Gutsherrn eine bestimmte Menge Naturalien für einen erzwungenen Preis zu verkaufen.

Die in diesen Artikeln von 1 bis 107 genannten Arbeiten dürfen wie bis jetzt ausgeführt werden, aber nur als Entgelt für die Tage der beständigen Frohndienste.

Artikel 2.

Wegen der Notwendigkeit der bis jetzt in der Wirtschaft durch erzwungene Dienstleistungen ausgeführten Arbeiten, welche als unentgeltliche Dienstleistungen unter Nr. 1 des oben angeführten Artikels 1 abgeschafft wurden, werden diese erzwungenen Dienstleistungen als Nebenfrohndienst angesehen, welcher 6 Tage im Jahre in Anspruch nimmt, und nur auf die Landwirtschaft treibenden Bauern ausgedehnt werden kann, und welcher von diesen Bauern selbst oder von ihren besoldeten Knechten geleistet werden soll. Die Zeit und Art des zu leistenden sechstägigen Nebenfrohndienstes hängt von der Wahl des Besitzers ab.

Artikel 3.

Alle beständigen Dienstleistungen, Abgaben und Geldzahlungen an Stelle der unentgeltlichen Dienstleistungen, die im Artikel 1 genannt werden und nach dem 20. Dezember 1845 (1. Januar 1846) bestimmt wurden, sollen nicht mehr stattfinden, wie auch die unentgeltlichen Dienstleistungen, an deren Stelle sie getreten sind.

Artikel 4.

Dort, wo die Bauern keine Frohndienste leisten, sondern nur Dienste, die man „Daremszczyzny" nennt, auch dort, wo die Bauern weniger als zwei Tage von 30. Morgen (Morgen à 300 Ruten) Frohndienste leisten, dort sollen die in Nr. 1—107 des Artikels 1 genannten, die unentgeltlichen Dienstleistungen inbegriffen, in beständige bestimmte Arbeiten, mit gegenseitigem Einverständnis zwischen den Besitzern und den Bauern unter der Aufsicht der Regierungsbehörden umgestaltet werden.

Artikel 5.

Die sogenannten Hilfstage zu den wirtschaftlichen Grundarbeiten, welche als Hilfe für die wöchentlichen Frohndienste eingeführt sind, werden nur dort beibehalten, wo die Zahl dieser Tage jährlich bestimmt ist und die Arbeit, der sie dienen sollen, deutlich berechnet ist.

Artikel 6.

In Kraft bleiben auch Pflichten der Bauern, welche zum Ziel haben die Sicherung des Erfolges der polizeilichen Mafsnahmen, wie: die Pflicht, im Falle eines Feuerschadens Hilfe zu leisten und im Falle einer starken Überschwemmung die Dämme zu verbessern; Scharwerk zu den Schleusen und Dämmen; Nachtwachtdienst in den Dörfern; Wachtdienste zum Bewachen der Brücken während des Eisgangs; Bepflanzen der Wege mit Bäumen; Jagd zur Ausrottung der Raubtiere und ähnliches. Alle in diesem Artikel genannten Pflichten werden aber nicht den Befehlen des Gutsherrn unterliegen, sondern ihre Ausführung soll ausschliefslich von den Befehlen der Gemeindeschulzen abhängig sein.

Artikel 7.

Alle erzwungenen Dienstleistungen zur Unternehmung von Reisen, auf Tage oder Abstand für eine bestimmte Geld- oder Naturalienzahlung werden abgeschafft, und von jetzt ab soll das Mieten von städtischen und ländlichen Arbeitern nur stattfinden nach einer vorhergegangenen freiwilligen Verabredung in Betreff der Zeit, der Art der Arbeit, der Höhe und Art der Belohnung.

Artikel 8.

Die Ausführung der Pflichten, welche auf Grund der vorhergegangenen Artikel abgeschafft wurden, soll in den Privatgütern, welche unter der Leitung der Besitzer selbst stehen, vom 20. Dezember 1846 (1. Januar 1847) ab nicht mehr stattfinden, in den Gütern dagegen, welche auf Grund eines in gesetzliche Form gefafsten Kontraktes am 20. Dezember 1845 (1. Januar 1846) verpachtet sind, vom Tage des Ablaufs der Kontrakte.

Artikel 9.

Die Ausführung dieses Beschlusses, welcher in das Tagebuch der Gesetze eingetragen werden soll, empfehlen wir der Regierungskommission für innere und geistliche Angelegenheiten.

Verfafst in Warschau, am 14. 26. November 1846.

Statthalter General-Feldmarschall
gez.: Fürst von Warschau.

δ) Die Wirkung der Gesetzgebung vom Jahre 1846.

Die Gesetzgebung vom Jahre 1846 hat die Lage der Bauern bedeutend verbessert. Erstens dadurch, dafs den Bauern im Besitz von nicht mehr als 3 Morgen, solange sie ihre Pflichten erfüllten, ihre Grundstücke nicht entzogen werden konnten. Den Bauern selbst stand es aber frei, nach dreimonatlicher vorheriger Kündigung von einem Gute zu einem anderen überzusiedeln. Ferner wurden die von den Grundherren willkürlich aufgelegten Zwangs- und unbegrenzten

Arbeitspflichten und Abgaben (siehe Seite 29 und folgende), aufgehoben.

(Auf dem Gute, dessen Prästationstabelle ich angeführt habe, wurden die Bauern von den unter Nr. 15 und 16 bezeichneten Pflichten befreit.)

Neben diesem Schutz des Bauernstandes wollte man auch einen Schutz des Bauernlandes. Die von den Bauern verlassenen Grundstücke (Pustki) mufsten spätestens innerhalb zwei Jahren wieder besetzt werden und durften unter keinen Umständen zum Gutsland geschlagen werden. —

Der Administrationsrat des Königreichs Polen sollte nach dem Artikel 5 des Ukazes ferner Hilfe und Schutz gewähren in dem Falle, wenn Gutsbesitzer Zinskontrakte mit den Bauern schliessen wollten.

In dieser Beziehung hat die Regierung 12 Jahre hindurch gar nichts gethan. Erst im Jahre 1858, infolge des Erlasses Kaiser Alexander des Zweiten vom $\frac{18}{30}$ November wurden am $\frac{16}{28}$ Dezember von der Regierung Vorschriften über die Pachtzinskontrakte zwischen dem Grundherrn und dem Bauern publiziert.

Trotzdem ging der Prozefs der Umwandlung der Panszczyzna in Pachtzins, wenn auch langsam, immer weiter fort. — Schon im Jahre 1858, also in demselben Jahre, in welchem die Regierung die oben erwähnten Vorschriften publizierte, hatten verhältnismäfsig viele Gutsbesitzer aus eigener Initiative die Frohndienste durch Zins ersetzt.

Auf 208987 bäuerliche Ansiedlungen in den Privatgütern sind im Jahre 1858 25506 Ansiedelungen gewesen, welche auf Zins übergegangen sind und 31636, welche aufser dem Zins noch geringe Frohndienste dem Grundherrn zu leisten hatten.[1] —

Gegen die Angaben vom Jahre 1846 ergiebt sich

1. dafs die Zahl der bäuerlichen Ansiedlungen in den Privatgütern sich um 1100 vermehrt hat. —

2. die Zahl der zinsbäuerlichen Ansiedlungen ist um 8389, die der Frohnzinsbauern um 2786 gestiegen. — Hierbei sei noch bemerkt, dafs das deutsche Element bedeutend zugenommen hat. Die Zahl der deutschen Bauern-Ansiedlungen betrug im Jahre 1858 schon 9005. — Die Fläche, welche das Gesetz vom Jahre 1846 zu Gunsten der Bauern freigelassen hat, ist uns leider nicht bekannt.

---

[1] Wolski, „Astronomischer Kalender" Warschau 1859.

— 35 —

Im Jahre 1858 gehörte zu den bäuerlichen Ansiedlungen insgesamt eine Fläche von 111 785 Wlok und 4 Morgen = 3 353 554 Morgen,[1]) die Gröfse der Ansiedlungen schwankte von 3—100 Morgen. Am häufigsten aber waren diejenigen, welche 12—15 Morgen grofs waren.

In diesen Ansiedlungen wohnten 1 241 878 Bauern. — Für die Nutzung der ihnen überlassenen Hufen hatten dieselben den Grundherren folgendes zu leisten: 959 573 Rubel 81 Kop. Pachtzinsgeld, 6 902 849 Spann- und 13 958 521 Handtage, 42 320 Korzec 4 Garniec Getreide.[2])

Wenn wir die Pflichten jeder Kategorie der Bauern ins Auge fassen, so ergiebt sich, dafs auf einen Zinsbauer durchschnittlich pro Wloka die Abgabe an den Grundherrn 17,7 Rubel, 1 Tag Spanndienste, 1,97 Handdienste und 288 Garniec Getreide betrug. Auf einen Frohnzinsbauer 18 Rubel, 7,98 Spann-, 18,22 Handdienste und 13,44 Garniec Getreide. — Auf einen Frohnbauer 0,87 Rubel, 108,9 Spann-, 219,6 Handdienste und 16,32 Garniec Getreide.[3])

Nehmen wir den durchschnittlichen Preis für eine tägliche Leistung mit Gespann 25 Kop. und für Handarbeit 10 Kop. an, so wird es klar, dafs die Frohnbauern um das Doppelte belastet waren als diejenigen, welche auf Geldzins übergegangen sind.

(Cf. die Tabellen auf S. 36 u. 37.)

b) Thätigkeit des landwirtschaftlichen Vereins zu Warschau.

Allmählich schlug die Stimmung bei den Gutsbesitzern immer mehr um, und sie fanden, dafs die Umwandlung der Bauernverhältnisse eine Lebensfrage sei.

In zahlreichen Schriften wurden verschiedenartige Projekte dem Publikum vorgelegt.

---

[1]) Den ausländischen Bauern, also den Deutschen, gehörten 4063 Wloki 37 Morg. Ackerland, 215 Wloki 25 Morg. Garten, 730 Wloki 55 Morg. Wiesen, 21 Wloki 15 Morg. Weiden.

[2]) Die ausländischen Bauern 94 541 Rub. 17 Kop. Zins, 5925 Spann-, 24 128 Handdienste und 660 Korzec 28 Garniec Kornabgaben.

[3]) Die ausländischen Bauern waren besser gestellt. Von einer Wloka hatte ein ausländischer Zinsbauer 18,06 Rub., 0,49 Spann-, 1,1 Handdienst und 1,07 Garniec Kornabgabe zu leisten.

Ein ausländischer Zinsfrohnbauer hatte 17,10 Rub., 2,3 Spann-, 11,08 Handdienste und 9,4 Garniec Kornabgabe zu leisten.

Ausstattung und Pflichten jeder Kategorie von Bauern, die auf den Privatgütern angesiedelt sind.

Kategorie von Bauern	Zahl der Bevölkerung	Ausstattung, die mit den Ansiedlungen verknüpft ist				Dafür geben die Bauern					Gesamte Fläche			Im Durchschnitt pro Wloka			
		Acker	Garten	Wiesen	Weiden	Zins	Dienstleistungen		Kornabgaben				Zins	Dienstleistungen		Kornabgaben	
		Wloki und Morgen				Rubel Kop.	Spann-	Hand-	Korzec Garniec		Wloki Morgen		Rubel Kop.	Spann-	Hand-	Korzec	Garniec
Zinsbauern	304 237	23 273 25	1 300 24	4 512 17	2 287 12	563 279 52	31 589	61 963	2 836 4		31 370	18	17 70	—	1,97	—	2,88
Zinzfrohnbauern	189 592	14 406 5	778 20	2 482 10	1 083 4	341 189 14	149 797	341 728	7 981 11		18 750	9	18 —	7,98	18,22	—	13,44
Frohnbauern	748 049	47 364 19	3 826 10	8 424 21	2 045 14	55 105 15	6 721 463	13 554 857	31 502 21		61 661	9	— 87	108,9	219,6	—	16,32
Summa:	1 241 878	85 644 21	5 906 5	15 419	5 415	959 573 81	6 902 849	13 958 521	42 320 4		111 782	6	8 49	61,50	124,80	—	11,84
Ausländische Zinsbauern	32 056	2 626 27	149 16	569 28	157 5	63 383 68	1 736	3 847	117 22		3 501	16	18 06	0,49	1,1	—	1,07
Ausländische Zinsfrohnbauern	20 428	1 437 10	66 9	161 27	164 10	31 157 49	4 219	20 281	543 6		1 829	26	17 10	2,3	11,08	—	9,4
Summa:	52 484	4 063 37	215 25	730 55	321 15	94 541 17	5 955	24 128	660 28		5 331	12	17 73	1,12	4,5	—	3,9

Zahl der bäuerlichen Ansiedlungen der Größe nach in den Privatgütern.

In den Gütern	Weniger als 3 Morgen	3—6	6—9	9—12	12-15	15—18	18—21	21—24	24—27	27—30	30—45	45—60	größer als 60	Summa
Zinsbauern	2 649	4 096	6 372	4 797	9 193	8 346	4 570	3 829	1 609	2 912	3 192	571	370	52 511
Zinsfrohnbauern	1 175	2 967	4 316	3 195	5 425	4 137	2 453	1 685	991	1 586	2 724	695	287	31 636
Frohnbauern	7 255	15 055	18 828	17 804	18 855	13 080	10 813	7 571	5 473	5 279	4 483	254	90	124 840
Summa	11 079	22 118	29 516	25 796	33 473	25 536	17 836	13 085	8 073	9 777	10 399	1 520	747	208 987
Ausländische Zinsbauern	257	627	848	431	931	976	261	309	152	342	500	78	61	5 773
Ausländische Zinsfrohnbauern	64	439	523	315	433	484	188	171	145	156	253	54	7	3 232
Summa	321	1 066	1 371	746	1 364	1 460	449	480	297	498	753	132	68	9 005

— 38 —

Der landwirtschaftliche Verein zu Warschau (im Jahre 1857 gegründet), dem fast alle gröfseren Grundbesitzer angehörten, machte in zahlreichen Sitzungen die Lage der Bauern zum Gegenstand der Diskussion. Alle waren der Meinung, dafs die Bauernfrage gelöst werden müsse. — Nur in der Art und Weise des Verfahrens konnte man nicht einig werden. Ein Teil der Grundbesitzer wollte die Erb-, der andere die Zeitpacht als den besten Ausgangspunkt zur Regelung der Bauernverhältnisse ansehen. —

Es waren aber auch viele (Thomas Potocki als Krzyztopor bekannt), die sofort die Bauern zu Eigentümern der von ihnen bebauten Äcker umwandeln wollten.[1]) —

Nach langen Diskussionen wurde endlich von der landwirtschaftlichen Gesellschaft ein Projekt ausgearbeitet, nach dem die Umwandlung der Frohndienste in Geldpachtzinse durch die landwirtschaftliche Kredit-Gesellschaft durchgeführt werden sollte, als plötzlich der landwirtschaftliche Verein am $\frac{18}{6}$ April geschlossen wurde. Das Werk der Bauernreform nahm nunmehr der schon oben erwähnte Markgraf Wielopolski in die Hand, der als Minister des Innern an der Spitze der Regierung stand. Sein Entwurf wurde vom Kaiser Alexander II. genehmigt und bestätigt und trat als Gesetz am $\frac{16}{4}$ Mai 1861 in Kraft. —

c) Die Gesetze aus den Jahren 1861 und 1862.

Das Gesetz vom $\frac{16}{4}$ Mai bestimmt folgendes: Die von den Bauern zu leistenden Arbeitstage sollten abgelöst werden und zwar mit Berücksichtigung der lokalen Verhältnisse.

Innerhalb jedes Bezirks wurden dabei folgende 4 Wertklassen aufgestellt:

---

[1]) Jahrbücher der Volkswirtschaft, Band 43 Seite 619 und folgende. Herausgegeben von dem landw. Verein.

Der Arbeitstag eines:

zu Handdiensten	zu Spanndiensten
verpflichteten Bauers wurden geschätzt	mit 2 Zugtieren mit 4

in der	I. Abteilung	mit	12 Kopeken		30 Kopeken	45 Kopeken
,, ,,	II. ,,	,,	10½ ,,		27 ,,	40 ,,
,, ,,	III. ,,	,,	9 ,,		23½ ,,	35 ,,
,, ,,	IV. ,,	,,	7½ ,,		20 ,,	30 ,,

Dann wurden auch die Preise des Roggens für jeden Bezirk (5 Wertklassen) und dementsprechend die der anderen Getreidearten folgendermafsen festgestellt:

Wenn der normale Preis vom Korzec Roggen in einem Kreise beträgt	Korzec Weizen	Erbsen	Gerste	Buchweizen	Hafer	Hirse	Wicken
				in Rubeln			
1,20	1,80	1,80	0,975	0,975	0,475	0,975	0,475
1,35	2,025	2,025	1,095	1,095	0,76	1,095	0,76
1,50	2,25	2,25	1,22	1,22	0,835	1,22	0,835
1,65	2,40	2,40	1,36	1,36	0,93	1,36	0,93
1,80	2,70	2,70	1,465	1,465	1,015	1,465	1,015

Dem Preise des Roggens entsprach auch die Gröfse des von einem Morgen zu zahlenden Zinses von jeder Klasse des Bodens folgendermafsen:

Wenn der normale Preis eines Korzec Roggen in einem Kreise beträgt	Weizenboden		Roggenboden			Schwämmwiesen.			
	I. Kl.	II. Kl.	I.	II.	III.	I.	II.	III.	IV.
1,20	1,60	1,36	1,075	0,605	0,33	2,63	1,975	1,055	0,525
1,35	1,81	1,515	1,205	0,668	0,375	2,46	2,225	1,185	0,59
1,50	2,055	1,68	1,36	0,755	0,415	3,29	2,465	1,3125	0,655
1,65	2,205	1,84	1,47	0,835	0,460	3,62	2,72	1,445	0,725
1,85	2,41	2,02	1,60	0,91	0,505	3,945	2,96	1,58	0,79

Wenn der normale Preis eines Korzec Roggen in einem Kreise beträgt	Ackerwiesen				Weiden		
	I.	II.	III.	IV.	I.	II.	III.
1,20	1,315	1,055	0,79	0,395	0,265	0,175	0,09
1,35	1,48	1,185	0,80	0,45	0,295	0,195	0,10
1,50	1.645	1,315	0,985	0,495	0,33	0,22	0.11
1,65	1,81	1.445	1,085	0.55	0,36	0,24	0,12
3,85	1.975	1,58	1,185	0.59	0,39	0.265	0.13

Die Prästationstabellen von 1846 wurden durch neue ergänzt, welche die Geldverpflichtungen der Bauern enthielten.[1]) (Ergänzende Tabellen.)

Den Geldzins sollte der Bauer alle 3 Monate dem Grundherrn auszahlen. Es stand den Bauern frei, die Umwandlung der Frohndienste in Geld vornehmen zu lassen, oder nicht; nur durften diejenigen, die bereits nur Geld zahlten, nicht mehr Frohnverpflichtungen übernehmen.[2]) Ich gebe hier die ergänzenden Tabellen desselben Gutes an, dessen Prästationstabellen ich angeführt habe (s. S. 41—43).

Doch sollte dies Gesetz nur den Übergang zu einer Verwandlung aller Frohnpflichten in Geld bilden, welche im Gesetz vom 5. Juni (24. Mai) 1862 obligatorisch wurde.[3]) —

Konnten die beiden Parteien, also Grundherr und Bauer, nicht einig werden, so trat nach diesem Gesetze die Regierung ein; namentlich die aus 3 Mitgliedern bestehenden Bezirkskommissionen, welche die Geldzinse zu bestimmen verpflichtet waren. — Dieselben hatten außerdem die Separation der Bauernstellen vom Gutshof und die Ablösung der bäuerlichen Servituten an Acker oder Wald des Herrn gegen Landvergütung durchzuführen. —

Die Zinsen wurden von den Bezirkskommissionen auf Grund der oben angeführten Klassifikation der Äcker, Wiesen, Weiden und Gärten festgestellt. — Für jede Klasse wurde eine entsprechende Höhe des Reinertrags bestimmt, die in gewissen Quantitäten von Roggen ausgesprochen wurde. — Dieser Reinertrag repräsentierte das Grundeinkommen. — Von dieser Summe wurde der dritte Teil

---

[1]) Tagebuch der Gesetze für das Königreich Polen, Band 57 Seite 379 und folgende.
[2]) Die Geldverpflichtungen (Pachtzins) wurden nach den auf den Seiten 39, 40 angegebenen Tabellen festgestellt.
[3]) Tagebuch der Gesetze, Band 60. Seite 39.

Ergänzende Tabellen vom Jahre 1861.

Nummern der Bauernansiedlungen nach den Tabellen von 1846	Vor- und Familien-Name der Bauern	Ausstattung der Bauern — Wieviel Boden besitzen die Bauern in Morgen (à 300 Ruten)?						Pflichten der Bauern gegen — Wie groß sind die bestimmten Dienstleistungen der Bauern?		Wieviel Tage außerdem muß der Bauer für den Grundherrn arbeiten, in welcher Jahreszeit, bei welcher Arbeit?		Zusammen leistet der Bauer für den Grundherrn		Sind die Spanndienste der Bauern zwei- oder vierspännig?	Wieviel Zeit jährlich? Wie weit?	Was beträgt der gesetzliche Zins für diese Dienstleistungen (die Reisen mitgerechnet), wenn der Preis für zweispännige Leistungen pro Tag mit 20 Kopeken, für Handarbeit pro Tag mit 7½ Kopeken berechnet wird?			
		Gartenland	Acker	Wiesen	Weiden	Unland	Zusammen	Spanndienste	Handdienste	Spanndienst	Handdienst	Spanndienste	Handdienste			jährlich Rubel	Kopeken	vierteljährlich Rubel	Kopeken
1		2	11	189	2	—	16–200	156	87	4	—	160	87	zweispännig	—	38	52½	9	63¼
2																			
3																			
Alle Bauern in dem Dorfe		19	30 378	270	60	—	500	4680	2610	120	—	4800	2610			1155	75	288	93¼

— 42 —

Pflichten der Bauern gegen den Staat und Regierung: Wieviel Steuern zahlt der Bauer?				Pflichten der Bauern gegen die Kirche: Was ist der Bauer der Kirche und Geistlichen schuldig?								den Grundbesitzer: Ist der Bauer zu anderen Abgaben (Daniny) verpflichtet?						Zu welchen Getreide-abgaben ist er ver-pflichtet fest in Korzec?	Zahlte der Bauer schon früher Zins in barem Gelde, wie viel jährlich?	
Rauch-fangs- und Scharwerk-steuer	Kontin-gent	Für Transport von Vagabun-den und Ein-ziehen von Rekruten	Feuerver-sicherungs-summe	An barem Gelde		An Getreide		An Arbeit	Was beträgt der gesetz-liche Zins (wie oben)?		An welcher Institution	Gänse	Kapaunen	Hühner	Eier	Pilze	Spannram wieviel Motten		Rubel	Kopeken
			Rubel und Kopeken	Rubel	Kopeken	Korzec	Garnce	Spann-/Hand-Dienste	R.	K.	An die Pfarr-kirche in Zanendniow									
			Wird je nach Bedarf aufgelegt																	
			Bezahlt der Gutsherr																	
3,—	—	—	3,82 ½	—	85	—	—	—	—	85	—	—	—	3	30	—	20	—	—	—
90	—	—	114,75 ½	25	50	—	—	—	25	50	—	—	—	15 90 900	—	—	600	—	—	—

— 43 —

Auf solche Weise mit Hülfe der ergänzenden Tabellen hat nun die Regierung folgende Berechnung für jedes Gouvernement ausgeführt.[1]

Gouvernement	Zahl der Bauernansiedlungen, die dem (Gesetze) von 1861 unterliegen	Gesamte Fläche des Grund und Bodens, welche diesen Bauernansiedlungen angehören	Gesamte Zahl der Frohndienste			Nach der Überführung dieser Dienstpflichten auf den Zins stellt sich der Zins in		Abgaben in barem Gelde genommen		Zusammen (Getreide in Geld ausgedrückt)		Die Summe aller Zinsen, mit Berechnung der Getreideabgaben, beträgt		Von einem Morgen durchschnittlich		Im ganzen stellt sich der Preis einer Włoka (30 Morgen) auf
			Spann-	Hand-Dienste	Transport- und Reisepflicht	Rubel	Kop.	Rubel	Kopeken	Korzec (Garniec)	Rubel	Kopeken	Rubel	Kopeken	Rubel	Kopeken
Warschau	30 883	431 857	1 173 060	3 456 329	4 615	728 307	37	14 152	36	5 055 18	16 421	75	758 971	48	1	75	1 054
Radom	44 232	455 690	1 217 210	5 158 506	15 023	812 573	39	7 359	63	4 836 27	15 865	83	835 798	85	1	83	1 101
Lublin	43 544	734 961	3 567 027	2 680 743	4 345	984 491	61	11 959	36	20 610 28	58 780	12	1 055 231	09	1	43	861
Plock	6 185	90 913	265 375	566 818	1 420	128 808	53	5 530	58	54 4	144	83	134 783	94	1	48	890
Augustow	9 099	136 435	461 758	398 012	28 565	157 759	76	15 803	22	945 8	3 019	77½	176 582	75½	1	30	780
	131 753	1 848 936	6 684 430	12 260 408	53 968	2 812 030	66½	55 105	15	31 502 21	94 232	30½	2 961 368	12	1	61	960

[1] „Untersuchungen im Königreich Polen", Milutin.

abgezogen für die Reparaturen der Gebäude, Gemeindelasten, welche die Ansiedler zu tragen hatten.

Auf solche Weise bestimmtes Einkommen wurde in Geld umgewandelt nach dem Durchschnittspreise des Roggens während der letzten 20 Jahre. Verschiedene lokale Bedingungen können den Betrag bis zu 25 % erhöhen oder herabsetzen.

Von dem berechneten Einkommen werden verschiedene Lasten abgezogen: Rauchfangsteuer, Scharwerk, Quartiergeld, Abgabe des Zehnten an die Kirche. —

Eine auf solche Weise festgestellte Summe repräsentiert die Höhe des jährlichen Zinses von Grund und Boden. — Die Behörden, welche den Zins feststellten, sollten auch den Wert der Gebäude, der Saat, des lebenden und toten Inventars bestimmen und von der gewonnenen Summe 5 % zu dem von Grund und Boden festgestellten Zins hinzurechnen.

Auf Grund dieses Gesetzes sollten also die Bauern Erbpächter werden. Nur durften dieselben das Pachtrecht nicht cedieren und das Erbpachtgut nicht unter ihre Erben teilen.

Die amtlichen Organe zur Durchführung dieser Bestimmungen waren zweierlei Art: Bezirks-Delegationen und Bezirks-Kommissionen. Die erste Instanz, welche die Umwandlung in Geldzinse feststellte, war die Bezirkskommission, die aus 3 Mitgliedern bestand. Diese bestimmte die Höhe der Geldzinsen nach persönlicher Untersuchung. Die zweite Instanz bildeten die Delegationen, die aus 12 gewählten Mitgliedern der Bezirksräte und einem Regierungsbeamten bestanden.

Die dritte und letzte Instanz war der Geheimrat für das Königreich Polen (Rada Stanu dla Krolestwa Polskiego). Wenn Bauern oder Gutsherren an diese Instanz appellierten, wurden alle bisherigen Entscheidungen für ungültig erklärt und die ganze Prozedur von Neuem begonnen.

Die Gesetze von 1861 und 1862 enthalten nicht alles Wünschenswerte.

Aber als Entschuldigung dient die schwere politische Lage der Zeit, die dem polnischen Aufstande unmittelbar voraufging. Die Regierung und die Gutsbesitzer sahen beide ein, dafs eine überstürzte Lösung nur gefährlich werden könnte, andererseits waren auch in dieser Gesetzgebung schon Bedingungen für eine systematische Weiterbildung der Stellung der Bauern zu unabhängigen Eigentümern gegeben, die sich gradweise ohne Erschütterung vollzogen hätte.

Graf Wielopolski hatte schon ein ganzes Programm einer „Zinsbank" vorbereitet, durch welche alle Zinsen, die die Bauern den Grundherren zu entrichten hatten, ausgekauft werden sollten. — Dem Projekte nach konnte der Auskauf der Zinsen nur dann stattfinden, wenn die Separation der grundherrlichen und bäuerlichen Äcker vollzogen sein würde. — Hiernach wurde die Auslösungssumme auf Grund 20 jähriger Zinsraten (also 5 %₀ Kapitalisierung der Auskaufssumme) berechnet. Kaufte die Bank von dem Grundherrn alle Rechte für die von dem Bauern gelieferten Zinsen und namentlich mit 4 %₀ Papieren, so blieben der Bank 1 %₀ zur Amortisierung der auf 29 Jahre geliehenen Schuld. Auf diese Weise wäre der Bauer nach 29 Jahren vollständiger Besitzer des von ihm bebauten Grund und Bodens ohne irgend welche Beilage geworden. Viel günstiger als die Agrar-Reformen waren diejenigen Projekte des Markgrafen Wielopolski gewesen, welche das Schul- und Gemeindewesen betreffen. —

Dieselben hier anzuführen, scheint mir aber unzulässig, da dieselben leider nicht ins Leben traten, da bereits im Jahre 1863 der polnische Aufstand ausbrach, der eine vollständige Veränderung der Verhältnisse zur Folge hatte. —

3. Die Periode von 1864 bis in die Gegenwart.

a) **Der Ausgangspunkt der Bauern-Reform im Königreich Polen.**

Gleich nach der Unterdrückung des polnischen Aufstandes wurden die Gesetze vom Jahre 1861 und 1862 aufgehoben und ein neuer Erlaſs proklamiert, der als epochemachend betrachtet werden muſs. Derselbe wurde von Nikolaus Alexiejewitsch Milutin, Prinz Czerkaski und Samarin vorbereitet, Männern, die, als zu radikal gesinnt, von der Teilnahme an dem Reformwerk des Jahres 1861 in Ruſsland entfernt worden waren. —

Die radikalen Ansichten dieser für die Bauern schwärmenden Bureaukraten, dabei Feinden von allem, was nicht russisch war, sind es gewesen, die den Kaiser Alexander II. veranlaſst haben, das groſse Werk der Bauernbefreiung im Königreich Polen diesen Männern und nicht dem Namiestnik (Statthalter) anzuvertrauen.[1]

---

[1] Leroy Beaulieu „Un homme d'état Russe" p. 207: on se rejouissait de voir la „schlachta" polonaise livrée sans défause aux mains des rouges legislateurs" (Milutin und seine Freunde).

Der Aufstand in Polen gab Milutin und seinen Freunden die Möglichkeit, energisch einzugreifen, ohne Schonung der Interessen und Rechte der besitzenden Klassen. Der Ausgangspunkt aller Mafsregeln Milutins war die Politik. Es galt, mit allen Mitteln den polnischen Bauernstand für Rufsland zu gewinnen und die „Schlachta" zu schwächen. — „La classe inférieure de la population est la seule qui puisse nous consoler et rejouir. Tout le reste noblesse clergé, juifs nous est tellement hostile et est tellement perverti et démoralisé qu'avec la génération actuelle il n'est guere possible de faire quelque chose. Il faut relever frés rapidement ce peuple opprimié qui peut devenir pour nous (Rufsland) un réel appui." [1]) —

Mit diesem Vorwort begleitete Milutin den Ukaz, der vom Kaiser Alexander II. genehmigt und am 19. Februar 1869 proklamiert wurde, und den wir hier wörtlich wiedergeben.

b) Der Ukaz vom 19. Februar 1864.

Wir von Gottes Gnaden Alexander II. Kaiser und Selbstherrscher aller Reufsen, König von Polen, Grofsherzog von Finnland etc.

Machen allen Unsern treuen Unterthanen im Königreich Polen bekannt:

Unser allerhöchster Vater in Seiner unaufhörenden Fürsorge um das Wohl der Ihm anvertrauten Völker lenkte besonders Seine Aufmerksamkeit auf die zahlreichste und am wenigsten geschätzte Klasse der Landwirte.

Zur Einrichtung derselben im Königreich Polen schreitend, hat Er mit den Bauern begonnen, welche in den Reichs- und Majoratsgütern lebten. Diese Bauern wurden allmählich von den Frohndiensten befreit, und das ihnen eingeräumte Land wurde je nach Qualität und Wert mit einem mäfsigen Zinse belegt. Die wohlthätigen Folgen dieser Mafsregel verfehlten nicht, sich in dem allmählichen Wachstum des Wohlstandes dieser Bauern zu offenbaren. Ferner gemäfs dem Ukaze vom $\frac{26. \text{Mai}}{7. \text{Juni}}$ 1846 wurden auch verschiedene Erleichterungen verliehen auch denjenigen Bauern, welche in Gütern von polnischen Besitzern und verschiedenen Instituten angesiedelt waren; u. a. wurde abgeschafft der gröfste Teil der unentgeltlichen und erzwungenen Dienste. Denjenigen Bauern, welche pflichtgemäfs die gesetzlichen Dienste erfüllten, wurde ein ruhiges Verwalten ihrer Ansiedlungen und die Benutzung der Servituten gesichert. —

Es wurde verboten, willkürlich Pflichten zu erhöhen, wie auch die bäuerlichen Grundstücke dem Gutslande einzuverleihen.

Nachdem auf diese Weise ein Grundstein gelegt war zur landwirtschaftlichen Entwicklung der Bauern, glaubte Unser Vater allmählich diese wichtige Angelegen-

---

[1]) Französisch Leroy Beaulieu „Un homme d'état Russe".
Russisch: Untersuchungen im Königreich Polen nach dem Allerhöchsten Befehl durch den Senator, Staatssekretär Milutin durchgeführt.

[2]) Tagebuch der Gesetze, Band 62 Seite 5 und folgende.

heit thatkräftiger fördern zu sollen, und deshalb wurde in den ersten Worten des obengenannten Ukazes den Bauern des Reiches von der weiteren und endgültigen Regelung ihrer Sache Nachricht gegeben. Der Tod erlaubte nicht dem Kaiser Nikolaus I. das zum Wohl des Volkes Unternommene und Versprochene zu erfüllen; aber der Wille des Vaters, welcher mit Unserem allseitigen Wunsche, übereinstimmt, ist für Uns ein heiliges Vermächtnis, dessen unaufschiebbare Ausführung auf unüberwindliche Schwierigkeiten in dem damals sich hinziehenden Kriege gestofsen ist. —

Unmittelbar nach dem Friedensschlusse haben Wir Unsere Fürsorge der dauernden Regelung der Sache der Bauern im allgemeinen zugewandt, wie im Kaiserreiche, so auch in dem ihm unzertrennlich vereinigten Königreich Polen.

Die von Uns in Rufsland getroffenen gesetzlichen Mafsregeln sind unter dem Segen des Höchsten mit Erfolg gekrönt worden, was der thätigen Hülfe des russischen Landadels und der von ihm im Namen des gemeinsamen Wohls und der wahren Menschenliebe gebrachten Opfer zu verdanken ist. —

Im Königreich Polen dagegen haben die drei Ukaze und Bestimmungen vom 16/28. Dezember 1858 von der freiwilligen Verzinsung der Bauern, vom 4/16. Mai 1861 von der Abschaffung der Frohndienste durch gesetztlichen Loskauf und endlich vom $\frac{24.\text{ Mai}}{5.\text{ Juni}}$ 1862 von der pflichtmäfsigen Verzinsung zu Unserem tiefsten Bedauern von Seiten der Gutsherrn nicht den Beistand gefunden, ohne welchen der Erfolg der getroffenen Mafsregeln naturgemäfs ausgeschlossen war. —

Infolgedessen haben diese Gesetze auch zur Zeit noch nicht die von Uns mit Recht erwarteten Früchte getragen.

Endlich haben die in letzter Zeit entstandenen Bewegungen und Unruhen, welche zur Zeit noch fortdauern, unsittlichen Menschen zum Mittel gedient, nicht nur die Erfüllung der von Unserem Vater zugesagten und von Uns vorgenommenen endgültigen Einrichtung der Bauern zu verzögern, sondern auch ihre Treue dem Gesetz und dem Throne gegenüber auf die Probe zu stellen und Unruhe und Aufruhr unter ihnen zu säen. Der gesunde Verstand des Bauern hat dennoch den Sieg über die schmeichelnden Vorspiegelungen davon getragen, seine unerschütterliche Treue aber hielt alle Drohungen und Gewaltthaten aus, und sie ist durch das Blut vieler unschuldiger Opfer bezeugt worden.

Zur Zeit sind gerade 3 Jahre verstrichen, seit Wir am 19. Februar 1861 den Erlafs und die Bestimmungen, die Einrichtung der Bauern in Rufsland betreffend, bekannt gemacht haben.

Auch im Königreich Polen bezeichnen Wir den heutigen Tag, in dem Wir den heiligen Willen Unseres Vaters, Unseren eigenen seit langer Zeit gehegten Wunsch und die Hoffnungen der vielen treuen Bauern erfüllen.

Es möge der heutige Tag auf ewige Zeiten im Gedächtnis der Bauern des Königreichs Polen verbleiben, als der Tag der Wiedergeburt ihres Wohlstandes.

Es möge dieser ihr Wohlstand der erste Vorbote jenes Erfolges und jener Glückseligkeit sein, deren Einkehr bei allen Bevölkerungs-Klassen des Königreichs Polen der Gegenstand Unserer sehnlichen Wünsche und unerschütterlichen Hoffnung ist. Deswegen haben Wir, indem Wir Gott um Beistand anrufen, folgendes beschlossen und bestimmen nunmehr:

Artikel 1.

Grundstücke, welche sich im Gebrauch des Bauern befinden, werden in den Gütern, welche Privatpersonen Majoratsherren und verschiedenen Institutionen gehören, den Bauern, welche diese Grundstücke verwalten, als volles Eigentum zuerkannt. Welche Grundstücke den Bauern zugeeignet werden und welche Bauern der Ausführung dieses Ukazes unterliegen, wird in den nachfolgenden Artikeln 5, 6, 8, 10, 13 und 14 bestimmt.

Artikel 2.

Von 3 15. April 1864 werden die Bauern von allen Pflichten ohne Ausnahme, die zu Gunsten der Besitzer erfüllt wurden, wie auch von den Frohndiensten, Geld- und Naturalienabgaben u. s. w. u. s. w. befreit. —
Alle Untersuchungen über die nicht erfüllten, noch zu leistenden Pflichten werden aufgehoben und dürfen nicht wieder erneuert werden. — In Zukunft sind die Bauern verpflichtet, für das zu ihrem Eigentum gewordene Land die durch diesen Ukaz bestimmte Grundsteuer der Staatskasse zu entrichten. —
Die Art, Höhe und Termine der zu zahlenden Grundsteuer werden in den Artikeln 27—36 bestimmt.

Artikel 3.

Die Besitzer der Privat-Institutionen und Majoratsgüter bekommen von der Staatskasse eine Entschädigung für die abgeschafften bäuerlichen Pflichten. — Die Höhe, Art, Zusammenrechnung und Weise dieser Entschädigung wird bestimmt im Ukaz über die Liquidationskommission. Ausserdem werden alle Besitzer, von deren Gütern die Bauern auf Grund dieses Ukazes Land und Eigentum erhalten, der Pflicht enthoben, den Bauern in ausserordentlichen Unglücksfällen Hilfe zu leisten und sie mit Arbeitsvieh, Geräten und Saatgut zu versorgen. Unabhängig davon werden die Besitzer derjenigen Güter, welche auf Grund der Bestimmung vom 4 16. Oktober 1835 verschenkt wurden, von einem Viertel der Zahlung an die Staatskasse befreit, welche in den Artikeln 24 und 25 dieser Bestimmung festgesetzt wurde.

Artikel 4.

Die Belohnung der Besitzer erfolgt aus den im Ukaz über die Liquidationskommission genannten Quellen, zu denen auch die im zweiten Artikel erwähnte Grundsteuer gehört.

Über die Grundstücke, welche die Bauern als Eigentum erwarben, und über die Bauern, welche der Ausführung dieses Ukazes unterliegen.

Artikel 5.

In allen Privat- und Institutionsgütern, wie auch in den Staatsdomänen, welche noch nicht nach den Regeln über die Verzinsung der Bauern eingerichtet sind, werden alle Ansiedlungen, welche die Bauern jetzt bewohnen, ihnen als Eigentum übergeben, ohne Rücksicht, ob sie der Ausführung des allerhöchsten

Ukazes vom $\frac{\text{26. Mai}}{\text{7. Juni}}$ unterliegen oder nicht; in dieser Zahl auch die Ansiedlungen, welche weniger als drei Morgen neupolnischen Mafses umfassen, ohne jegliche Begrenzung des Umfanges.

Ausnahmen dieser Regel sind im Artikel 10 erörtert.

Gemeinsame Ansiedlungen dort, wo solche vorhanden sind, wie Versammlungsräume, Schulen und dergleichen, wie auch Grundstücke, welche zum gemeinsamen Nutzen aller Bauern dienen, aber ohne Anteil des Grundherrn an diesen Nutzungen wie z. B. gemeinsame Dorfweiden, werden ebenfalls auf Grund dieses Ukazes den Bauern als Eigentum abgetreten.

Artikel 6.

Aufserdem wird den Bauern das Recht zuerkannt, auf Grund dieser Regel auch diejenigen Ansiedlungen zum Eigentum zu erwerben, welche sie bei der Veröffentlichung des Ukazes vom $\frac{\text{26. Mai}}{\text{7. Juni}}$ 1846 benutzt haben, wenn auch diese Ansiedlungen nicht bewohnt wären, oder auch gegen den zweiten Artikel des genannten Ukazes ohne Austausch gegen andere Grundstücke zur unmittelbaren Verfügung des Besitzers abgetreten wären.

Die Bitten um die Beibehaltung der genannten Ansiedlungen, sollen die Bauern den Bezirkskommissären resp. der Kommission für Bauernangelegenheiten einreichen. —

Zur Geltendmachung ihrer Rechte auf solche Ansiedlungen wird den Bauern eine dreijährige Frist vom 3./15. April 1869 ab bestimmt.

Artikel 7.

Diejenigen der im Artikel 6 genannten unbewohnten Ansiedlungen, auf welche die Bauern während der bestimmten Frist, ihre Ansprüche nicht geltend machen, ebenso wie überhaupt alle Grundstücke, welche freiwillig nach der Veröffentlichung des Ukazes vom $\frac{\text{26. Mai}}{\text{7. Juni}}$ 1846 dem Gebrauch der Bauern entzogen wurden, auf welche sie bis zum Ablauf derselben Frist ihr Recht nicht nachweisen, dürfen den Gutsfeldern einverleibt werden und zwar nach einer Ordnung, welche noch bestimmt wird.

Artikel 8.

Wenn in irgend einem Gute, nach der Veröffentlichung des Ukazes vom $\frac{\text{26. Mai}}{\text{7. Juni}}$ 1846 irgend ein Tausch der Grundstücke, welche durch Bauern ausgenutzt wurden, auf herrschaftliche Grundstücke stattgefunden hat, nicht nach der gesetzlich festgesetzten Ordnung des Einverständnisses mit den Bauern und nicht auf Grund der Vorschrift vom $\frac{\text{24. Mai}}{\text{5. Juni}}$ 1862 über pflichtmäfsige Verzinsung, sondern auf Befehl des Besitzers und nicht im Einverständnis mit dem Gesetz, so haben die Bauern das Recht, die ihnen auf dem Wege des Tausches abgetretenen herrschaftlichen Grundstücke nicht anzunehmen, und dafür zu fordern, dafs ihnen die Grundstücke zum Eigentum abgegeben werden, welche beim Erlasse des Ukazes vom $\frac{26.\text{ Mai}}{7.\text{ Juni}}$ 1846 von ihnen ausgenutzt wurden.

Als letzter Termin zur Vorlegung ebensolcher Forderungen wird der Tag bestimmt, an welchem den Bauern das Projekt der Liquidationstabelle bei ihrer Durchnahme vorgelesen werden soll.

Artikel 9.

Gleichzeitig mit dem, jedem Bauern überlassenen Grundstücke, gehen auch alle auf diesem Grundstücke befindlichen Wohn- und Wirtschaftsgebäude, wie auch das dazu gehörende Inventar wie Arbeitsvieh, Geräte und Samen in seinen Besitz über.

Artikel 10.

Aus der Zahl der Grundstücke, welche nach gegenwärtigem Ukaz in den Besitz der Bauern übergehen, sind ausgeschlossen:

a) Ansiedlungen von den Besitzern, an denen Schänken, Mühlen, Ziegeleien und Schmieden eingerichtet sind.

b) Ansiedlungen der Schäfer, Gärtner und anderer Gutsangestellten, wenn die von ihnen bewohnten Häuser sich nicht im Dorfe oder Flecken befinden.

c) Ansiedlungen der Waldhüter, wenn die von ihnen bewohnten Häuser sich nicht im Dorfe oder Flecken befinden, sondern an Vorwerken oder im Gutswalde oder in der Lichtung des Waldes.

d) Haupt- oder Nebengutsgrundstücke, den Bauern mit schriftlichem Kontrakt auf eine bestimmte Zeit verpachtet, wenn diese Grundstücke zusammen mit den Vorwerksgebäuden abgegeben sind.

e) Ansiedlungen von Bauern, welche seit der Bekanntmachung gegenwärtigen Ukazes in den völligen Besitz der Bauern übergegangen, falls sich solche finden sollten.

Artikel 11.

Die Bauern behalten auch, nach dem sie in den völligen Besitz ihrer Ansiedlungen gelangt sind, das Recht auf diejenigen Servituten, welche sie auf Grund der Praestationstabellen, Kontrakte, mündlicher Übereinkommen oder auf Grund der Gewohnheit innehaben, wie z. B. das Recht auf Bau-, Brenn- und Leseholz, auf Laub zur Streu, auf Weide in den Gutswäldern und den Haupt- und Nebengutsgrundstücken. Sollten die Bauern zur Zeit des Erlasses des Ukazes vom $\frac{26.\text{ Mai}}{7.\text{ Juni}}$ 1846 die genannten Vorrechte alle oder nur teilweise genossen haben, und sollten ihnen diese nachher entzogen worden sein weder nach einer freiwilligen, nach der gesetzlichen Ordnung vorgeschriebenen Übereinkunft mit ihnen, noch auf Grund gesetzlichen Urteils, welches auf Grund der Bestimmung vom $\frac{24.\text{ Mai}}{5.\text{ Juni}}$ 1862 über die pflichtmäfsige Verzinsung gefällt worden, so wird das Anrecht der Bauern auf die Vorrechte im Mafse und auf Grund ihrer früheren Benutzung vor dem Erlasse des Ukazes vom $\frac{26.\text{ Mai}}{7.\text{ Juni}}$ 1846 wieder erneuert.

Artikel 12.

Die obengenannten (Art. 11) Vorrechte der Bauern können nur durch gegenseitiges, in gesetzlicher Weise bestätigtes Einverständnis des Besitzers mit den Bauern abgeschafft werden, oder auch auf das alleinige Verlangen des Besitzers, aber mit der notwendigen Bedingung, dafs der Besitzer den Bauer entsprechend entschädigt.

Fälle, in welchen eine pflichtgemäfse Abschaffung der Vorrechte auf Verlangen des Besitzers zulässig sein kann, wie auch die Regel über die Ordnung der Berechnung der den Bauern zukommenden Entschädigung wird durch ein besonderes Gesetz bestimmt werden.

Artikel 13.

In den Reichsgütern, welche endgültig nach den Bestimmungen über Verzinsung eingerichtet sind, wie auch in den Majoratsgütern gehen alle Grundstücke, die den Bauern jetzt nach Verordnung der Regierung überlassen sind, zu ihrer völligen Benutzung über, wobei die Bauern auch ihre Vorrechte behalten, falls sie dieselben zur Zeit haben.

Artikel 14.

Das Eigentumsrecht auf Grundstücke mit Ausnahme der im Artikel 10 bezeichneten, wird durch gegenwärtigen Ukaz allen Bauern überhaupt, welcher Klasse sie auch angehören mögen, verliehen d. h. Kolonisten, Kmiecie, wolniki, pólrolniki, Gärtnern, Komorniks, Häuslern u. s. w. ohne Rücksicht darauf, mit welchem Recht sie ihre Grundstücke innehaben (d. h. ob auf Grund der von der Regierung bestätigten Tabellen über die Verpflichtungen, ob nach den auf Grund der Bestimmungen vom $\frac{24.\text{ Mai}}{5.\text{ Juni}}$ 1862 über die pflichtgemäfse Verzinsung zusammengestellten Nachrichten, oder auf Grund der Prästationstabellen, Privilegien, der mündlichen oder schriftlichen, zeitlich beschränkten oder terminlosen Kontrakten, oder endlich ohne Kontrakt, nur nach Gewohnheit, und welcher Art die Verpflichtungen auch sein sollten [d. h. Zins, Geldabfindung, durch den Ukaz vom 4/16. Mai 1861 bestimmt, Naturalienabgabe, Frohndienste oder eine aus verschiedenen einzelnen zusammengesetzte Verpflichtung etc.]).

II. Vom Anrecht des Bauern auf die ihnen überlassenen Grundstücke.

Artikel 15.

Jeder Bauer, welcher einen Hof mit Ackerland oder einen Hof mit Gemüsegarten, oder nur einen Hof allein hat, erhält mit dem Eigentumsrechte das ausschliefsliche Recht nicht nur auf die Oberfläche, sondern auch auf den Untergrund, das Innere in dem vom Gesetz bestimmten Mafse. Wenn der Besitzer des Gutes noch vor der Bekanntmachung gegenwärtigen Ukazes auf den Ansiedelungen des Bauern schon die Gewinnung von Steinkohlen oder Erzen angefangen hat, so ist es ihm erlaubt, dieselbe fortzusetzen, allerdings mit der Verpflichtung, den Bauern nach gerechter Bestimmung der dadurch verursachten Verluste zu entschädigen.

4*

Artikel 16.

Das Jagdrecht auf den Ländereien, welche in den Besitz der zu einer Dorfgemeinde gehörenden Bauern übergehen, wie auch das Recht des Fischfangs in den angrenzenden Gewässern gehört nicht jedem Bauer einzeln, sondern der ganzen Dorfgemeinde. Der Fischfang, welcher von den Gutsbesitzern in künstlichen, ihnen angehörenden Teichen eingerichtet worden ist, bleibt das ausschliefsliche Eigentum des Gutsbesitzers.

Artikel 17.

Das Propinationsrecht (d. h. das Recht der Produktion und des Detailverkaufs geistiger Getränke) auf dem in den Besitz der Bauern übergehenden Boden, da es im Eigentumsrecht mit inbegriffen ist, wird ebenfalls der ganzen Gemeinde überlassen; aber der aus diesem Rechte erstehende Gewinn, soll zur Verstärkung derjenigen Mittel beitragen, welche zur Entschädigung der Besitzer dienen sollen. Deshalb werden bis zur endgültigen Abzahlung dieser Entschädigung die Einnahmen von der Propination auf dem von den Bauern erhaltenen Lande nach Vorschriften der Staatskasse eingezogen. —

Nach Vollendung dieser Zahlung wird die Propination auf dem durch die Bauern zum Eigentum erworbenen Lande zur Verfügung der Dorfgemeinde gestellt. —

Artikel 18.

Jedem Ansiedler wird das Recht zugestanden, seine als Eigentum erworbene Ansiedlung zu verpachten, verpfänden oder zu verkaufen; aber um dem Zerfall der wirtschaftlichen Lage der Bauern zuvorzukommen, wird dies Recht folgenden zeitweiligen Beschränkungen unterworfen.

a) Das Wohnhaus und die Wirtschaftsgebäude, welche zur Ansiedlung gehören, dürfen nicht allein ohne den Boden verpfändet oder verkauft werden. —

b) Das Pfänden wie Erwerben der Ansiedlungen als Eigentum durch die Bauern bei erleichternden Bedingungen dieses Ukazes ist nur Bauern gestattet. —

Artikel 19.

Dem Komitee zur Regelung der Bauernsache, welches durch einen besonderen Ukaz gleichzeitig mit dem gegenwärtigen ernannt ist, wird es überlassen, auch zeitliche Detailvorschriften über Fälle auszuarbeiten, in denen die Parzellierung der in den Besitz der Bauern übergegangenen Grundstücke zulässig sei, und die Ordnung zu bestimmen, in welcher die Vergütung und die Pfändung vor sich gehen soll.

Dem einrichtenden Komitee, (Uczreditelnyi komitet) wird es überlassen, zu bestimmen, binnen welcher Zeit die Rechte der Bauern auf die in ihrem Besitz übergegangenen Ansiedlungen den im Art. 18 und 19 erwähnten Erscheinungen unterliegen sollen.

Artikel 20.

Leer stehende bäuerliche Ansiedlungen oder sogenannte „Pustki" können bei Abgabe an sich meldende Bauern entweder ganz oder auch in Teilen übergeben werden, indem jede Ansiedlung parzelliert wird.

Artikel 21.

Wenn sich für eine leerstehende Ansiedlung mehrere Bewerber melden, so hat der Bauer desselben Dorfes das erste Anrecht darauf; aus der Zahl der Bauern eines Dorfes hat derjenige den Vorzug vor allen anderen, der kein Land besitzt, von den ansässigen Bauern steht derjenige, welcher keine Ackererde besitzt, vor dem Ackerbauer, endlich wenn von mehreren in jeder Hinsicht gleichberechtigten Bewerbern, die einen die leerstehende Ansiedlung ganz erhalten wollen, die anderen aber fordern, dafs sie parzelliert werden sollen, und jeder einen Teil bekommen soll, so haben die letzteren den Vorzug vor den ersteren.

Artikel 22.

Mit der Bekanntmachung des gegenwärtigen Ukazes dürfen die Häuser und Gebäude der Bauern, deren Ansiedlungen nicht weniger als 3 Morgen betragen, wie auch Ansiedlungen kleineren Mafses, welche innerhalb der Ansiedlungslinie übergelassen sind, nicht auf andere Stellen übertragen werden, nicht einmal zur Entfernung der Zersplitterung der Gutsäcker und der des Bauern, wenn es nicht mit der Zustimmung der Angesiedelten geschieht.

Anläfslich des Abtragens von bäuerlichen Häusern und Gebäuden, von Ansiedlungen, welche weniger als 3 Morgen haben und aufserhalb der Ansiedlungslinie gelegen sind, werden besondere Regeln gegeben.

Artikel 23.

Die Bauern können in allen Fällen, wenn es für sie nützlich zu sein scheinen sollte, in Einvernehmen treten, wie untereinander so auch mit den Gutsbesitzern in Betreff des Austausches der in ihren Besitz übergehenden Grundstücke. Zur Verhütung aber von Ungenauigkeiten beim Erheben der Landsteuer, aus welcher die Besitzer entschädigt werden sollen, wird das einrichtende Komitee die vorläufigen Bedingungen bestimmen, welche zur Erzielung der Gültigkeit solcher Verträge befolgt werden müssen.

Artikel 24.

Wenn eine freiwillige Einigung in der im Art. 23 behandelten Hinsicht nicht zu Stande gekommen ist, so ist in Hinsicht auf die Entfernung der Zersplitterung bei den Gütern, welche nicht endgültig, nach den Vorschriften über Verzinsung eingerichtet sind, eine zwangsmäfsige Parzellierung und Umtausch der Grundstücke zulässig, wenn es von der einen Seite, d. h. den Gutsbesitzern oder den Bauern gefordert wird; mit der Bedingung jedoch, dafs die ganze Fläche des in den Besitz der Bauern übergehenden Landes nicht dadurch etwa verringert, und dafs ihnen nicht für gutes Land schlechtes gegeben werde. —

Die Fälle, in welchen die Forderungen der einen Seite auf Parzellierung und Umtausch der Grundstücke, auch die andere Seite verpflichten; wie auch die Ordnung des Vorgehens bei solchen Sachen und die Vorschriften über gemeinschaftliche Weiden werden besonders bestimmt werden.

Artikel 25.

Grundstücke, welche auf Grund gegenwärtigen Ukazes in den Besitz der

Bauern übergehen, werden von jeglichen bisher auf ihnen lastenden Verpflichtungen dritten Personen gegenüber befreit. —

Artikel 26.

Es werden folgende mit dem absoluten Eigentumsrecht nicht übereinstimmende Verpflichtungen und Einschränkungen, welche zur Zeit auf Bauern in Ansiedlungen lasten, abgeschafft.

a) Die Zahlung einer bestimmten Summe an den Grundherrn oder die Regierung, unter den Namen Laudemia bekannt, beim Übergang der Ansiedlungen von einem Besitzer zum anderen, in welchen Fällen diese Abgabe auch nur bezahlt worden ist und auf welche Weise sie auch berechnet wurde.

b) Das Recht der Grundherren oder der Regierung, einmalig zu bestimmten Zeiten (alle 20, 30, 40 u. s. w. Jahre) eine höhere Abgabe zu erheben, welche unter dem Namen „Herrngroschen" oder Laudemia bekannt ist.

c) Alle auf Kontrakten oder örtlicher Gewohnheit beruhenden Verbote oder Einschränkungen, welchen sie im Ausüben verschiedener Thätigkeiten, im Bauen von Wasser- und Windmühlen und allen Arten von Fabrikanstalten unterworfen waren.

d) Die in einigen Gegenden herrschende Gewohnheit, kraft deren den Bauern verboten ist, geistige Getränke zum eigenen Gebrauch wo anders als nur in den Fabriken und Detailverkaufsstellen des Gutsbesitzers zu kaufen. —

e) Alle übrigen Ausnahmerechte des früheren Grundherrn, welche sich mit dem Übergang der Grundstücke in das völlige Eigentum des Bauern nicht vertragen. —

. In allen ähnlichen Fällen sind die Bauern zugleich mit anderen Grundbesitzern den allgemeinen Gesetzen unterworfen. —

III. Von den Abgaben der in den Besitz der Bauern übergehenden Grundstücke.

Artikel 27.

Anstatt der durch gegenwärtigen Ukaz abgeschafften Frohndienste, welche die Bauern für die Besitzer in Privat-Instituten, Reichs- und Majoratsgütern früher leisteten, werden die Bauern verpflichtet (aufser den jetzt gezahlten Reichs- und Gemeindeabgaben und Diensten) eine Abgabe für Grund und Boden unter dem Namen Grundsteuer (pozemelnyj nalog) zu zahlen, deren Betrag auf Grund der nachfolgenden Artikel bestimmt wird. Diese Grundsteuer wird vom 3. 15. April 1864 an auf Grund von Artikel 34 erhoben.

Artikel 28.

In den endgültig nach den Bestimmungen über Verzinsung eingerichteten Reichs- und Majoratsgütern wird die durch Artikel 27 anstatt der durch gegenwärtigen Ukaz abgeschafften Abgaben neu eingeführte Grundrente von jedem Bauer im Betrage von $^2/_3$ der Abgaben bestimmt, mit welchen die Ansiedlung nach der zur Zeit herrschenden Bestimmung belegt ist. — Diese Regel findet

Anwendung auch auf diejenigen Ansiedlungen in den vorerwähnten Grundstücken, welche jetzt leerstehen und in den Besitz von Bauern übergehen werden.

Artikel 29.

In den noch nicht endgültig nach den Vorschriften über Verzinsung eingerichteten Reichsgütern wie auch in den Privat- und Institutsgütern wird der Betrag der durch Art. 27 eingeführten Grundrente auf folgende Weise bestimmt: jedem Dorfe oder jeder Kolonie wird aufser den von den Bauern gezahlten Staats- und Gemeindeabgaben und -Diensten eine jährliche Grundsteuer auferlegt, deren Betrag gleich der Summe aller Gebäude- und Scharwerksteuer sein mufs.

Artikel 30.

Dem einrichtenden Komitee wird zur Pflicht gemacht, ohne Aufschub Regeln aufzustellen, nach denen die Verteilung der Grundsteuer unter die einzelnen Ansiedler derselben erfolgen soll, welche auf Grund des Artikel 29 von ganzen Dörfern oder Kolonien erhoben wird. Übrigens wird es den Bauern jedes Dorfes oder jeder Kolonie freigestellt, nachdem ihnen solche Regeln bekannt gemacht sind, nach allgemeinem gesetzlichen Einverständnis eine neue Verteilung der Grundsteuer unter die einzelnen Ansiedlungen und auf anderen Grundlagen durchzuführen.

Artikel 31.

In den Dörfern oder Kolonien, wo sich Ansiedlungen befinden, welche nicht der Ausführung des Ukazes vom $\frac{26.\ \text{Mai}}{5.\ \text{Juni}}$ 1846 unterliegen, aber welche von der Ausführung dieses Ukazes nicht ausgenommen sind, werden solche Ansiedlungen besonders mit einer Grundsteuer von jedem Morgen des zugehörigen Bodens belegt in der Höhe, welche berechnet wird aus der Verteilung der ganzen Summe der Grundsteuer, welche von einem Dorfe oder einer Kolonie erhoben wird, auf die gesamte Morgenzahl des bäuerlichen Landes, welches mit dieser Grundsteuer belegt ist.

Artikel 32.

Die Bauern aus dem im Artikel 5 angegebenen Gütern, welche die unbewohnten Ansiedlungen oder diejenigen, über welche der Besitzer zu verfügen hat, erwerben, werden auf derselben Grundlage mit derselben Grundsteuer, welche im Artikel 31 angegeben ist, belegt. —

Artikel 33.

Die Bauern aus den im Artikel 5 angegebenen Gütern, welche in, von den Dörfern und Kolonien abgesonderten Ansiedlungen wohnen, werden besonders mit einer neuen Grundsteuer der bewohnten Ansiedlung in der Höhe belegt, welche im Artikel 29 bestimmt worden ist.

Artikel 34.

Bauern, welche Land zum Eigentum erwerben, sind verpflichtet die von ihren Ansiedlungen berechnete Grundsteuer nach Ablauf jedes halben Jahres in zwei halbjährigen Terminen d. i. vom 3.15. April bis 3.15. Mai und vom 3.15. Oktober bis 3.15. November jedes Jahres einzuzahlen. Die erste Zahlung dieser Steuer soll im Jahre 1864 vom 3.15. Oktober bis 3.15. November 1864 erledigt werden.

Artikel 35.

Jeder Ansiedler ist verantwortlich für jede Ungenauigkeit in der Zahlung der (nur) von ihm erhobenen Grundsteuer.

Artikel 36.

Diejenigen Bauern, welche im Jahre 1864 Ansiedlungen erwerben werden, welche unbewohnt sind, oder über welche der Besitzer verfügt (Art. 6), sind in Form einer Vergünstigung der Zahlung der neuen Grundsteuer bis zum Jahre 1865 enthoben.

Artikel 37.

Grundsteuer, welche nicht zur rechten Zeit bezahlt wird, wird nach den Regeln eingetrieben, welche zur Eintreibung der Staatsabgaben vorgeschrieben sind. —

Artikel 38.

Wenn in einem Gute, wo bis jetzt keine Verzinsung eingerichtet ist, die Bauern, welche in einem Dorfe wohnen oder zerstreut angesiedelt sind, aber zu einer Kolonie gerechnet werden, finden, dafs die von ihnen erhobene neue Grundsteuer die einzelnen Ansiedlungen ungleich belastet, und der Qualität des Bodens nicht entspricht, so wird es ihnen erlaubt, wenn auch am Anfang die Verteilung auf Grund allgemeiner Zusage vollzogen worden ist, im Laufe von 6 Jahren von der Zeit der Veröffentlichung dieses Ukazes ab um die Schätzung aller Ansiedlungen nach der Qualität und Quantität des Bodens zu bitten. Solche Gesuche dürfen nur auf Grund allgemeiner Zustimmung, welche von einer Mehrheit von $^2/_3$ Stimmen aller Bauern, welche nicht weniger als 3 Morgen Boden besitzen, zusammengestellt wird, eingereicht werden.

Artikel 39.

Bei der bestimmten Schätzung, darf die alljährige Summe der Grundsteuer, welche von allen Dörfern und Kolonien erhoben wird, nicht vermehrt, noch vermindert werden. Nach welchen Regeln und durch wen eine solche Schätzung auf die Bitte der Bauern durchgeführt werden soll, wird durch das einrichtende Komitee bestimmt werden.

Ergänzungs-Regeln.

Artikel 40.

Die Ausführung dieses Ukazes erstreckt sich vom Tage seiner Veröffentlichung an auf alle Güter, wo Bauern ansässig sind, ebenso auch auf die Güter, welche verpachtet sind, wenn auch die Pachtkontrakte vor dem 26. Mai / 5. Juni 1846 geschlossen worden sind und wenn auch die Pachtzeit noch nicht abgelaufen ist.

Artikel 41.

Wenn zwischen dem Pächter, dem kontraktmäfsig das Recht, die abgeschafften Dienste von den Bauern zu verlangen, zuerkannt ist, und dem Gutsbesitzer eine Übereinkunft, die Bedingungen des Pachtvertrages betreffend, nicht stattfindet, so wird dem Pächter das Recht überlassen, die Aufhebung des Kontraktes für die übrige Zeit des Pachtvertrages zu verlangen.

Die gegenwärtige Bestimmung erstreckt sich nicht auf Pachtkontrakte, in denen für den Fall eines zwangsweisen Abkaufs der Dienstleistungen besondere Bedingungen aufgestellt worden sind.

Artikel 42.

Alle früheren Bestimmungen werden in allen Punkten, die dem gegenwärtigen Ukaz entgegentreten, abgeschafft.

Artikel 43.

Die weitere Entwicklung dieses Ukazes nach den festgestellten Grundsätzen, sowie die Lösung möglicher Zweifel wird dem einrichtenden Komitee überlassen, die Ausführung aber des gegenwärtigen Ukazes, welches unbedingt in das Journal der Gesetze eingetragen werden mufs, wird dem Statthalter des Königreichs, dem einrichtenden Komitee und anderen Behörden je nach der Zugehörigkeit überwiesen.

Gegeben St. Petersburg $\frac{19.\text{ Februar}}{2.\text{ März}}$ 1864.

gez.: Alexander.

c) Die Durchführung des Ukazes vom 19. Februar 1864 in der Praxis.

Zur Durchführung des Ukazes von 1864 wurde ein sogenanntes einrichtendes Komitee (Uczreditelnyj komitet, komitet urzadzajacy) gebildet, an dessen Spitze Milutin und Prinz Czerkaski standen. —

Das einrichtende Komitee ernannte für jeden Bezirk einen bevollmächtigten Bauernkommissär, in dessen Händen das Schicksal der Bauern und Grundherren lag. — Um dieselben zu charakterisieren (was zur Aufklärung der Durchführung des Ukazes in der Praxis unentbehrlich ist), erlaube ich mir die Worte Leroy Beaulieus anzuführen: „A la place des arbitres de paix (mirowyje posredniki) des propriétaires, élus par la noblesse, et chargés de regler les differends qui pourraient surgir entre les paysans et l'ancien seigneur (en Russie), il y avait en Pologne des commissaires, tous Russes, c'est-à-dire étrangers au pays, le plus grand nombre nouveaux venus et ignorants des moeurs locales, les uns employés prêtés par les ministeres, les autres fonctionaires révoqués à l'interieur comme suspects de radicalisme, quelques-uns simples étudiants à peine sortis de l'université, beaucoup enfin officiers, qui venaient de combattre l'insurrection, la plus part étrangers a l'étude du droit et peu soucieux de ce qu'ils appellaient l'orthodoxie ou le formalisme juridique, tous naturellement hostiles à la noblesse Polonaise. Aussi Milutine se donnait la peine pendant plusieurs semaines pour les initier et par dessus tout les intéresser à l'odeuvre, en les enflammant de sa parole les encourageant de son exemple. Sur des hommes pour la plus part jeunes et tous ardents patriotes de telles leçons ne pouvaient rester sans effet; elles exaltaient l'enthousiasme national et stimulaient un zèle qui le plus souvent n'avait pas besoin d'aiguillon. Tous les commissaires improvisés croyaient bien participer à une grande mission historique, ils se regardaient comme des apôtres plus tôt que comme des juges; ce sentiment même les amenait parfois dans la pratique à oublier leur rôle d'arbitre à se preter trop aveuglement aux revendications du paysan à renchérir au profit de ce dernier sur les instructions de leurs chefs à outre passer les oukazes. De là dans l'application de ces lois des inégalités et des exées.[1]) — Die vollständige Richtigkeit dieser Ausführung des großen Kenners der russischen und polnischen Verhältnisse findet Ausdruck in den von den Bauernkommissären ausgefüllten sogenannten Liquidationstabellen, von denen ich hier eine anführen will (cf. Tab. αα. S. 59). —

α) Die Durchführung des Ukazes auf einem Privatgute.

ββ) Vergleich der oben angegebenen Liquidationstabelle mit den Prästations- und ergänzenden Tabellen desselben Gutes.

Wenn wir die Liquidationstabelle des Gutes N. mit der Prästationstabelle vom Jahre 1846 und der ergänzenden vom Jahre 1861 vergleichen, so merken wir bedeutende Unterschiede. —

Dieselben wurden durch die Willkür des Bauernkommissärs verursacht. Derselbe stellte erstens fest, was den Bauern nach der Prästationstabelle zukam und befragte dann die zusammenberufenen Bauern des Dorfes über die Grundstücke, welche sie seit 1846 gehabt hatten. Die Bauern, in der Hoffnung, mehr Land zu bekommen, bezeichneten solche, die ihnen nie gehört hatten.

Das genügte dem Kommissär vollständig und trotz des Protestes

[1]) Leroy Beaulieu „Un homme d'état Russe" page 272—273.

— 59 —

a) Liquidationstabelle des Gutes N. im Gouvernement Lublin vom Jahre 1864.

Nr. der Bauernansiedlung		Hufen, welche in Eigentum der Bauern nach dem Ukaz vom 19. Febr. 1864 übergehen (mit den Namen der Bauern bezeichnet).	Die Fläche jeder bäuerlichen Hufe					Die Größe der Entschädigungssumme, die die Regierung dem Grundherrn nach den Artikeln 14—26 des Ukazes zu entrichten hat, über ? die Liquidationskommission		Arten und Umfang der Servituten
Nach der Liquidationstabelle	Der Reihe nach		Unter Gebäuden und Garten	Wiesen	Acker	Weide und Wege	Unland	Gesamte Fläche	Rubel	Kopeken	
			in Morgen und Ruten								
1	1	Paul Wojcik	—	—	—	—	—	20	217	18	65,1	1. Alle N.N. haben das Recht die ganze Fläche des grundherrlichen Waldes als Weide fürs Vieh zu benutzen. 2. Den Bauern ist es gestattet, 52 „2spännige Fuhren dürrer Äste und Zweige jährlich zu nehmen, im Winter können dieselben Axt für 6 Auflagen des Holzes auf die Fuhren benutzen. Die Bäume abzuhauen ist aber verboten. 3. Der Gutsherr ist verpflichtet, aus dem Walde für jede Ansiedlung 60 Stück Pflöcke für Zäune und eine Kiefer von 14 Zoll Durchmesser und 15 Stück lange Stangen für Reparaturen der Gebäude zu geben.
2	3	Andreas Gauski	—	—	—	—	—	19	15	17	14,5	
		Zusammen					38	276	17,139	632	140	557	58,3	

seitens des Gutsbesitzers wurden in die Liquidationstabellen 632 Morgen 140 Ruten als Bauernfläche eingetragen.¹) —
(In der Prästationstabelle wurde die im Besitz der Bauern sich befindliche Fläche mit 500 Morgen bezeichnet.)
Ebenso willkürlich wurde der Umfang der Servituten bestimmt. Nach der Prästationstabelle vom Jahre 1846 (Rubrik 8) wurde gesagt:
„Alle Gebäude der Bauern gehören dem Grundherrn, der auch umsonst Baumaterial für die Reparaturen liefert. Was Brennmaterial betrifft, so können die Bauern einmal wöchentlich auf dem Boden im Walde liegendes Material sammeln."
Trotzdem die Bauern höchstens 30 zweispännige Fuhren Brennmaterial jährlich pro Ansiedlung benutzten, — denn mehr konnte in keinem Falle gesammelt werden, stellte der Kommissär fest, sie sollten 52 solcher Fuhren bekommen. Ebenso trug der Kommissär ohne jede Berechnung und Rücksicht die unter Nr. 3 (letzte Rubrik) bezeichneten Rechte der Bauern ein. —

Bei der Feststellung der Zahl der bäuerlichen Kühe, die in dem Walde weiden konnten, sagten die Bauern, sie hätten 500 Kühe.²) Der Gutsbesitzer bestritt die Richtigkeit dieser Angaben und stützte sich auf die Berechnung, die von ihm selbst als Voigt (Wojt) für die Seuchenversicherungsgesellschaft durchgeführt worden war, und aus der sich ergab, dafs die Zahl, viel geringer (360 Stück) war. Nichtsdestoweniger wurde die Zahl, die die Bauern angegeben hatten, als richtig bezeichnet, und der Grundherr bekam die Antwort: „die Zahl, die Sie anführen, ist nicht richtig; die Bauern hätten, um weniger an die Gesellschaft zu zahlen, einen Teil ihres Viehes verstecken müssen." ³)

γγ) Die Entschädigung des Grundherrn.

Die Entschädigungssumme für den den Bauern abgetretenen Grund und Boden, Gebäude, das ganze tote und lebende Inventar, dann für alle abgelösten Frohndienste (siehe ergänzende Tabelle vom Jahre 1861) betrug pro Jahr 557 Rubel 58,3 Kop., im Durchschnitt 18 Rubel 58,6 Kop. pro eine bäuerliche Ansiedlung. — Die Ent-

---

¹) Von den 632 Morgen, 140 Ruten sind 618 Morgen 261 Ruten brauchbarer Grund und Boden und 13 Morgen 179 Ruten Unland gewesen.
²) Hiermit wurden die Kühe der zwei sog. Maidany (Dörfern), die 53 Ansiedlungen zählten, gerechnet.
³) Die Zahl der Kühe wurde in die Liquidationstabelle nicht aufgebracht.

schädigung war also erheblich niedriger berechnet, als im Jahre 1861, wo nur für die abgelösten Frohndienste von jeder Ansiedlung, die um 3 Morgen 289 Ruten kleiner war, der Bauer 38 Rubel 52,5 Kop. dem Grundherrn zu entrichten hatte. (Siehe ergänzende Tabelle.) Die mit 557 Rubel 58,3 Kop. berechnete jährliche Entschädigungssumme, mit $16\,{}^{2}/_{3}$ multipliziert,[1]) ergab die Summe, die der Gutsbesitzer von der Regierung erhalten sollte (9293 Rubel 5 Kop.). Dieselbe wurde mit Liquidationspapieren ausgezahlt, die einen Kurs von $60\,{}^{0}/_{0}$ des Nominalwertes hatten. —
In Wirklichkeit bekam also der Grundherr eine Entschädigung von 5575 Rubeln 83 Kop., was etwa 8 Rubel 81 Kop. pro Morgen, oder 264 Rubel 30 Kop. pro Wloka ausmacht.[2]) Nur einen Teil dieser Entschädigungssumme sollten die Bauern in Form von Grundsteuer an die Regierung entrichten. —
Dieselbe sollte nach den Artikeln 27 und 29 des oben angeführten Ukazes der Summe der bisher vom Bauer entrichteten Steuern gleich sein. — Auf dem besprochenen Gute hatte also jeder Bauer eine Grundsteuer von 6 Rubel $82\,{}^{1}/_{2}$ Kop. an die Regierung zu bezahlen. (Siehe ergänzende Tabelle.)

β) Durchführung des Ukazes auf sämtlichen Privatgütern.

Das für das einzelne Gut Gesagte gilt auch für alle anderen Privatgüter im allgemeinen. Mit gröfserer oder geringerer Willkür wurden überall die Artikel des oben angeführten Ukazes angewendet. Die meisten Mifsbräuche wurden aber bei Durchführung der Artikel 1, 5, 8, 10, 11, 14 des Ukazes verübt.

Im allgemeinen ist in allen Privat- und Donationsgütern im Königreich Polen in das Eigentum der Bauern auf den Dörfern eine

---

[1]) Artikel 26 des Ukazes von der Liquidationskommission.
[2]) Die Regierung stellte im Jahre 1861 den Preis einer Wloka in der höchsten
1. Klasse auf 1054
in der 2. „ „ 1001
„ „ 3. „ „ 890
„ „ 4. „ „ 861
„ „ 5. „ „ 780
Nach Prof. Siemonenko „Statistik des Königreichs Polen" war der Preis einer Wloka im Jahre 1806 = 300 Rub.
1844 = 600 „
1858 = 900 „
1871 = 1545 „

Fläche von 5561931 Morgen und in kleinen Städten von 629821 Morgen übergegangen,¹) zusammen 6191752 Morgen. — Die Zahl der bäuerlichen und bürgerlichen Ansiedlungen,²) die Eigentum bekamen, war

in den Dörfern	440721
in kleinen Städten	93938
zusammen	534659.

Nach diesem betrug die Gröfse einer bäuerlichen Ansiedlung im Durchschnitt 12,6 Morgen, einer bürgerlichen 6,5 Morgen, die Gröfse der einzelnen Ansiedlungen schwankte ungemein; da keine minimale Gröfse für die Regulierungsfähigkeit angegeben war, so erhielten auch die kleinsten Parzellenbesitzer Eigentum, andererseits, da die Bauern oft den Kommissären solche Stücke aufser den ihnen gehörigen bezeichneten, die ihnen nicht gehörten,³) kam es nicht selten vor, dafs die Gröfse einer Bauernansiedlung bis zu 100 Morgen stieg. —

Aufser dem Grund und Boden wurden auch den Bauern die Servituten-Rechte in mässig grofsem Umfange gelassen. Es fehlt das Material, um dieselben für alle Privatgüter und Donationen anzugeben. — Diesen Mangel werde ich zu ersetzen suchen durch die Angaben der Land-Kredit-Gesellschaft fürs Königreich Polen, vom Jahre 1864.

Wenn dieselben auch nur für die assoziierten Güter gelten, so kann man sich doch aus denselben ein Bild von allen Gütern machen.

γ) Angaben über die Servituten im Jahre 1864
in den zu der Land-Kredit-Gesellschaft gehörenden Gütern
(siehe Tabelle).

Aus der angegebenen Tabelle sind von der Gesamtzahl (6551) assoziierter Güter (mit einer Fläche von 8729210 Morgen) 5633, also 86 $^0/_0$ mit Servituten belastet worden. — Die Fläche der mit Servituten belasteten Güter (8754474 Morgen) macht 93 $^0/_0$ der ganzen Fläche aus. — Von derselben sind wieder 63% mit Weideservituten belastet. — (Die Äcker zu 24,5 $^0/_0$, Wiesen zu 2,3 $^0/_0$, Weiden

---

¹) Anuczyn.-Abriss der ökonomischen Lage der Bauern in den Gouvernements des Königreichs Polen 1873.
²) Daselbst.
³) Das hatte auch zur grofsen Zersplitterung der grundherrlichen und bäuerlichen Äcker geführt.

Angaben der Servituten im Jahre 1864 in den zu der Land-Kredit-Gesellschaft gehörenden Gütern.

Gouvernement	Allgemeine Zahl der Güter	deren Fläche	Zahl der Güter, die von Servituten entlössi sind	deren Fläche	Zahl der Güter, die mit Servituten belastet sind	deren Fläche	Zahl der Güter, die mit denselben belastet sind	Weideservituten – die mit ihnen belastete Fläche				Zahl der Bauerann-siedlungen, die Ser-vituten geniessen	Zahl der Güter die mit denselben belastet sind	die belastete Wald-fläche in den (Gütern)	Zahl der Ansied-lungen, die Servi-tuten geniessen
								Acker	Wiesen	Wälder	Weiden	Zusammen			
Warschau	1 137	1 285 294	227	114 881	910	170 413	907	399 945	15 159	315 661	28 533	759 348	30 429	526	312 557	23 304
Kalisch	943	1 049 269	136	52 206	807	997 063	793	258 169	14 689	226 528	39 191	538 577	32 638	451	230 768	24 782
Piotrkow	692	867 039	130	108 799	562	758 240	530	92 835	4 250	258 812	25 709	381 615	26 723	437	262 580	24 370
Radom	672	985 924	130	100 055	542	885 869	518	169 713	9 945	323 381	22 801	525 840	26 812	419	310 739	22 394
Kielce	572	713 958	84	51 452	488	662 506	461	108 796	6 111	223 047	29 829	367 783	26 450	323	209 375	22 380
Lublin	545	1 207 713	36	39 181	509	1 168 532	496	198 783	14 793	499 566	13 146	726 288	35 382	469	487 785	33 407
Siedlce	492	995 694	34	26 968	458	968 726	456	158 077	39 550	374 316	27 938	599 881	26 330	413	353 047	24 645
Plock	941	878 966	76	26 160	865	852 806	864	399 171	48 731	248 996	50 449	747 257	27 287	593	213 447	22 220
Lomza	300	439 774	15	5 868	345	433 906	345	156 760	30 609	473 526	16 147	377 042	13 182	293	153 639	12 045
Suwalki	197	305 579	48	49 166	149	256 413	146	51 281	2 534	70 084	2 481	126 385	4 562	90	81 205	5 676
Zusammen	6 551	8 729 210	916	574 736	5635	8 154 474	5516	1 993 580	186 380	2 713 832	256 224	5 150 016	249 795	4 014	2 645 142	215 223

zu 3,2%. Wälder zu 33%.) Aufserdem bilden 32% der gesamten Fläche die Wälder, von denen die Bauern Bau-, Brenn- und Streumaterial erhalten konnten. —

δ) **Auf den Staatsdomänen.**

Ganz anders als auf den Privatgütern hat die Regierung auf den Staatsdomänen den Ukaz ausgeführt. Die Bauern bekamen Grund und Boden mit Gebäuden und Inventar in Eigentum und zwar im Durchschnitt mehr als auf den Privatgütern: etwa 15 Morgen pro Ansiedlung. (160 088 Ansiedlungen mit einer Fläche von 2 506 382 Morgen.) Dafür waren aber die Servitutenrechte der Bauern in geringstem Mafse denselben überlassen. — Weideservituten erhielten nur 3% der Gesamtzahl der Bauernansiedelungen. Waldservituten nur im allgemeinen 2%. — Baumaterial nur 1%. —

Das, was für das Gedeihen des Bauernstandes auf den Privatgütern als absolut unentbehrlich seitens Milutin angesehen war, wurde auf den Staatsdomänen fast vollständig beseitigt. — Einen Teil der Staatsdomänen (70 000 Morgen) bekamen 9829 Bauern und Soldatenfamilien, die früher keinen Grund besafsen, als Belohnung für Treue und Opfer, die sie dem Throne im polnischen Aufstand gebracht hatten. —

Nach der Durchführung des Ukazes sind in den

	Ansiedlungen	mit einer Fläche von	
Privatgütern, Donationen und verschiedenen Institutsgütern	440 721	5 561 931	Morgen
gewesen in den kleinen Städten	93 938	629 821	„
in den Staatsdomänen	160 088	2 506 382	„
zusammen	694 747	8 698 134	„ [1])

in das Eigentum der Bauern übergegangen. [2]) —

---

[1]) Annerin Seite 18.
[2]) Nach der Berechnung des statistischen Zentral-Komitees sind in Eigentum der Bauern 8 200 856 Morgen übergegangen. Nach der Berechnung der statistischen Delegation der Land-Kredit-Gesellschaft 8 296 703. — Nach Witold Zaleski Statistik Königreichs Polen, 8 232 018 Morgen. Die Angaben zeigen wie unvollkommen die Statistik im russischen Reiche ist. Wenn man sich darauf stützen will, so kommt man in die gröfste Verlegenheit. Die Mängel in dieser Arbeit sind dadurch zu erklären.

Mit dem Abtreten des Grund und Bodens und der Gebäude wurde aber der Regulierung der bäuerlichen Verhältnisse kein Ende gemacht. — Dieselbe ist vielmehr bis heutzutage noch nicht fertig vollzogen. —

Gegenüber der in Preufsen resp. Posen verfolgten Politik wurden wie schon früher gesagt, im Königreich Polen die Rechte der Bauern auf die Äcker-, Wiesen-, Weiden- und Waldservituten im ausgedehntesten Umfange beibehalten.

In dem Artikel 12 des Ukazes (siehe oben) wurde es zwar gesagt, dafs die Servituten durch gegenseitiges, in gesetzlicher Weise bestätigtes Einverständnis des Grundherrn und der Bauern durch Abtreten einer gewissen Fläche von Acker, Wiesen, Weiden und Wäldern an die letzteren abgeschafft werden konnten, doch ist diese gewünschte Separierung im grofsen und ganzen nur teilweise durchgeführt worden. — Erstens sind die Bauern schwer zu solchen Vereinbarungen zu bewegen, obwohl ihnen oft der zwei- und dreifache Wert ihrer Servituten angeboten wurde. — Der Grund, warum die Bauern auch auf vorteilhafte Bedingungen nicht eingehen, ist die unter ihnen verbreitete Meinung, sie würden später einmal von der Regierung noch mehr Land bekommen; — wenn sie aber auf eine Entlösung der Servituten eingingen, würde dies als endgiltige Abfindung gelten. — Die Erklärung dieser verbreiteten Meinung finden wir bei Leroy-Beaulieu „Certains de ces agents de Pologne, l'insu du gouvernement tendent indirectement quelque fois à troubler dans l'esprit du peuple la notion de proprieté, a lui faire croire que les droits de chacun n'ont pas été définitivement fixés par les oukazes de 1864, à le faire rêver de nouvelles combinaisons agraires."

„Lorsque les proprietaires offrent aux paysans de régler à l'amoblemoyennant un partage de bois ces épineuses questions de Servitute (kleinere Beamte besonders) certains Schinovnik's disent aux paysans: „A quoi bons vous entendre et renoncer à vos droits sur une partie de la forêt pour avoir le reste, quand un jour on peut vous donner gratuitement![1]" Im Interesse der Bauernkommissäre liegt es ja auch, die Servitutenfrage ungeregelt zu lassen, um die vorteilhafte Stellung (mit 3000 Rubel Einkommen jährlich) nicht zu verlieren. Aussi s'éfforcent ils plus tôt d'empecher les proprietaires et le paysan de s'entendre à cet effet.[2]

---

[1] Un homme d'état Russe page 276.
[2] Leroy Beaulieu Ibidem Seite 274.

Die Regierung übt ihrerseits keinen Druck auf die Bauern aus, um sie zu der Entlösung der Servituten zu bewegen und beschränkt sich auf die Bestätigung der abgeschlossenen Verträge. — Dieselbe glaubt „avoir dans ses servitudes un moyen de semer la riranie entre les deux classes vurales du royaume comme si leur antagonisme était la condition necessaire de la domination Russe.[1]" „Nous tenons les Polonais par ces[2]) servitudes" erklärte ein russischer Minister Leroy Beaulieu noch im Jahre 1880.

Nach dem Gesagten darf man sich nicht wundern, wenn die Separierung so langsam vor sich geht. Die folgende Tabelle zeigt uns die Zahl der bäuerlichen Ansiedlungen auf den der Land-Kredit-Gesellschaft angehörigen Gütern und der auf denselben sich befindenden Ansiedlungen, welche teilweise oder vollständig in den Jahren von 1864 bis 1879 auf die Regelung der Servituten eingegangen sind.

Die zwei folgenden Tabellen (Seite 67 und 68) geben uns wieder die Fläche in den 623 Gütern, die von den Servituten vollständig befreit wurden, und die Entschädigung der Bauern für das Absagen ihrer Servitutenrechte in den 1171 Gütern. —

Aus diesen Tabellen ergiebt sich, dafs 15 Jahre hindurch nur 11 % (623) aller belasteten Güter (5633) vollständig und 548 (10 %) teilweise von den Servituten befreit sind. — Von den Ansiedlungen, die das Recht hatten, grundherrliche Äcker, Wiesen und Wälder als Weide zu benutzen sind es nur 22 752 (9,1 %) gewesen, die dieses Rechtes entsagt haben und 23 701 (9,4 %) nur teilweise.

Von den Ansiedlungen, die wieder Recht hatten aus den grundherrlichen Wäldern Bau-, Brenn- und Streumaterial zu beziehen, sind es nur 22 091 (10 %) mit denen die Separierung vollständig gewesen war und 26 443 (12,3 %) mit denen sie nur teilweise durchgeführt wurde. —

Die vollständig befreite Fläche betrug 823 021 Morgen (10,9 %).

Die den Bauern zugefallenen 159 544 Morgen ergeben für den Durchschnitt 3 Morgen 5 Ruten pro eine Ansiedlung.

Wegen Mangel an dem nötigen Material kann ich die Auseinandersetzung in den folgenden Jahren nicht verfolgen. —

Um aber irgend einen Blick auf die neuesten Zeiten in dieser Hinsicht zu geben, werde ich hier die von der statistischen Dele-

---

[1]) ibidem.
[2]) ibidem.

Angabe der bäuerlichen Ansiedlungen, die im Jahre von 65—79 von ihren Weid- und Waldservituten abgesagt haben für eine gewisse Entschädigung seitens der Grundbesitzer.

Gouvernement	Zahl der Ansiedlungen	Zahl der Güter/Ansiedlungen (wo die Servituten teilweise geregelt worden sind)		Gesamte Zahl der Güter/Ansiedlungen (wo die Servituten vollständig oder teilweise geregelt worden sind)	
	wo die Servituten vollständig gelöst worden sind	Güter	Ansiedlungen	Güter	Ansiedlungen
Warschau	4 433	149	4 705	291	9 138
Kalisch	908	70	2 838	92	3 806
Piotrkow	2 073	52	2 033	108	4 106
Radom	3 890	62	2 719	152	6 609
Kielce	1 089	16	1 170	36	2 259
Lublin	8 480	50	5 060	175	13 540
Siedlce	3 630	72	4 303	153	7 933
Plock	1 574	40	1 218	98	2 792
Lomza	550	25	1 358	46	1 908
Suwalki	292	12	409	20	761
Zusammen	26 979	548	25 873	1171	52 852

Gouvernement	Zahl der bäuerlichen Servituten													
	1865		1866		1867		1868		1869		1870		1871	
	Weide	Wald	Weide	Wald	Weide	Wald	Weide	Wald	Weide	Wald	Weide	Wald	Weide	Wald
Warschau	21	—	49	49	138	134	211	163	225	201	742	814	490	444
Kalisch	—	—	—	—	—	—	—	—	13	13	59	40	162	149
Piotrkow	—	16	—	31	—	18	41	48	228	265	262	467	353	476
Radom	—	—	—	—	—	—	35	35	174	110	693	875	467	610
Kielce	—	—	—	—	—	—	466	511	298	320	129	87	355	215
Lublin	—	—	109	137	—	—	362	406	929	841	929	1165	170	1446
Siedlce	—	—	—	—	—	—	—	—	174	256	841	827	1452	265
Plock	—	—	19	19	5	5	—	—	57	57	353	463	265	506
Lomza	—	—	68	—	29	29	—	—	6	—	93	102	392	245
Suwalki	94	94	—	—	—	—	—	—	75	62	12	41	85	86
Zusammen	115	110	245	236	186	172	1115	1163	2179	2449	3184	3614	3924	4442

Ansiedlungen, welche die Servituten in den Jahren gelöst haben

Gouvernement	1872		1873		1874		1875		1876		1877		1878		1879		Zusammen		Vollständig		Teilweise		Gouvernement
	Weide	Wald	Weide	Wald	Weide	Wald	Weide	Wald	Weide	Wald	Weide	Wald	Weide	Wald	Weide	Wald	Weide	Wald	Weide	Wald	Weide	Wald	
	778	706	942	930	1100	1200	509	663	995	1003	643	548	520	534	1100	948	8721	8079	3977	3514	4744	4565	Warschau
	192	192	822	795	547	532	723	743	36	36	132	163	—	—	786	808	3465	3478	593	753	2872	2725	Kalisch
	618	812	660	600	306	314	81	78	146	146	78	78	209	236	237	237	3297	3672	1611	1678	1686	1994	Piotrkow
	1040	1245	326	393	88	128	788	885	585	396	591	582	20	20	1069	921	4507	6321	3046	3316	2626	3005	Radom
	110	76	211	153	102	—	206	185	101	101	—	—	134	134	672	5	2011	2030	1030	837	981	1193	Kielce
	782	839	1823	1828	761	785	1187	1242	1202	1303	740	857	542	542	1129	841	11839	12526	7421	7359	4418	5167	Lublin
	351	367	880	985	1019	1006	1165	1256	832	882	663	790	110	86	500	398	6810	7529	3024	3019	3786	4510	Siedlce
	300	295	441	445	364	250	282	304	299	245	140	140	110	110	165	150	2538	2499	1352	1011	1186	1488	Plock
	103	167	168	289	164	165	172	188	14	10	268	273	104	142	364	306	1514	1789	506	456	1008	1333	Lomza
	—	—	11	11	95	122	25	25	28	28	—	—	—	—	—	—	586	611	192	148	394	463	Suwalki
	4442	4279	6183	6492	4646	4526	5291	5409	4057	4331	3255	3255	2949	2435	5332	5143	46453	48534	22752	22091	23701	26443	Zusammen

5*

— 68 —

Gouvernement	Die Fläche dieser 623 Güter					
	Gesamte	Von den Weideservituten befreite				Die Fläche der Wälder, die von den Bau-, Brenn-, Streu-Material-Servituten befreit ist.
		Acker	Wiesen	Weiden	Wälder	
Warschau	173 694	52 341	2 260	3 313	45 632	57 158
Kalisch	24 574	6 624	541	767	4 125	5 882
Piotrkow	53 669	12 242	215	1 391	13 688	15 327
Radom	106 866	31 883	1 394	2 892	39 622	36 589
Kielce	20 735	5 198	260	893	8 072	7 798
Lublin	235 006	53 325	4 259	1 204	94 482	98 134
Siedlce	128 547	19 657	2 736	2 926	50 487	53 937
Plock	51 187	26 919	2 118	2 605	13 159	11 582
Lomza	18 487	7 106	460	373	9 119	6 053
Suwalki	10 256	2 510	—	101	1 105	1 071
Zusammen	823 021	217 805	14 243	16 465	279 491	293 531

Die Entschädigung der Bauern.

Gouvernement	Zahl der Güter, in welchen die Servituten vollständig oder teilweise geregelt worden sind	Zahl der Ansiedlungen, mit welchen	Die abgetretene Fläche in Morgen					Die Entschädigung einer Ansiedlung im Durchschnitt	
			Acker	Wiesen	Weiden	Wälder	Zusammen	Morgen	Ruten
Warschau	291	9 138	18 494	595	3 882	8 003	30 974	3	116
Kalisch	92	3 806	5 439	153	914	3 275	9 781	2	171
Piotrkow	108	4 106	4 758	137	1 043	5 112	11 050	2	273
Radom	152	6 609	2 890	131	4 967	13 357	21 345	3	69
Kielce	36	2 259	473	27	1 894	2 006	4 400	1	284
Lublin	175	13 540	1 679	200	2 586	31 564	36 029	2	198
Siedlce	153	7 933	2 601	522	2 906	21 975	29 004	3	196
Plock	98	2 792	4 906	27	2 007	1 205	8 141	2	275
Lomza	46	1 908	1 737	96	1 761	3 093	6 687	3	151
Suwalki	20	761	346	57	247	1 483	2 133	2	240
	1 171	52 852	43 323	4945	23 205	91 073	159 544	3	5

gation der Land-Credit-Gesellschaft im Königreich Polen gesammelten Zahlen für das Jahr 1893 benutzen. Diese Zahlen gelten leider nur für die assoziierten Güter. Da aber dieselben 71 % der Gesamtfläche aller Privatgüter und Donationen ausmachen, und da in den letzteren die Verhältnisse im grofsen und ganzen nicht anders, als in den assoziierten sich stellen, so können wir ein, wenn auch nicht ganz genaues Bild der Lage bekommen. — Aus diesen Tabellen ist zu ersehen, dafs von den 9251 assoziierten Gütern 4446 (48;0/0) mit Servituten belastet sind, die belastete Fläche 3220187 Morgen beträgt (44 % der gesamten Fläche dieser Güter [1]) die mit Weideservituten belastete Fläche beträgt 21,7 %, die mit Waldservituten belastete 4,4 %, die mit Wald und Weide belastete 17,9 %. Die Zahl der Ansiedlungen auf diesen Gütern, die zur Weide Servitutenrecht behalten haben, beträgt 156898, die Zahl derer, die das Recht zum Sammeln von Bau-, Brenn- und Streumaterial erhalten haben: 272397. —

Die Weideservituten wurden in der Weise geregelt, dafs pro 100 Ansiedlungen 297 Kühe und Pferde, 128 Schafe und Schweine von den Bauern gebraucht werden konnten, dann kamen auf 100 Ansiedelungen der zweiten Art im Durchschnitt 77 Stück Baumaterial, 3028 Fuhren Brennmateral und 236 Fuhren Streumaterial.

Ein näheres Vergleichen der früheren Angaben (Seite 67) mit dem vom Jahre 93 ist unmöglich wegen der verschiedenen Zahlen der Güter, deren Fläche und der auf denselben befindlichen Ansiedlungen; dann ist die Zusammenstellung der Rubriken oft eine ganz andere. —

Jedenfalls sieht man, dafs die für die beiden Seiten erwünschte Regulierung bei weitem nicht vollzogen ist. —

Die traurigen Folgen dieser Zustände für die Gutsbesitzer liegen klar auf der Hand, dafs dieselben aber auch für die Bauern ungünstig und sogar schädlich sind, soll später gezeigt werden. —

d) Wirkung der grofsen Reform auf die ökonomische Lage der Bauern.

Wir haben den Hauptzweck der grofsen Reform und die Durchführung des Ukazes vom Jahre 1864 kennen gelernt.

---

[1] 7296713 Morgen.

Gouvernement	Zahl der Güter insgesamt	in welchem die Servituten geregelt sind	Zahl der Güter – die mit Servituten belastet sind				die mit Servituten belasteten Güter, in % ausgedrückt	Die gesamte Fläche aller Privatgüter	die von Servituten befreit ist	die Fläche – die mit Servituten belastet ist				die mit Servituten belastete Fläche, in % ausgedrückt
			mit Weide	mit Wald	mit Wald und Weide	Zusammen				mit Weide	Wald	mit Wald und Weide	Zusammen	
Warschau	1 683	993	403	10	275	690	41	1 107 861	603 533		340 670	34 790	128 868	504 328	45
Kalisch	1 279	583	399	24	273	696	54	932 065	593 702		234 578	72 607	121 178	428 363	46
Radom	776	479	127	11	159	297	38	692 579	415 049		97 691	24 184	155 655	277 530	40
Kielce	718	286	185	17	230	432	60	624 528	330 948		118 268	32 796	142 516	293 580	47
Piotrkow	863	468	141	11	243	395	45	703 452	463 773		70 140	39 686	129 853	239 679	34
Lomza	395	128	68	6	193	267	67	356 325	129 753		128 478	12 831	85 363	226 672	63
Suwalki	516	352	81	17	66	164	31	310 163	206 370		45 596	16 271	41 926	103 793	33
Siedlce	625	256	77	59	233	369	59	860 985	505 965		119 487	56 731	178 802	355 020	41
Lublin	1 073	711	89	7	266	362	33	903 657	576 159		99 061	21 450	206 987	327 498	36
Plock	1 323	549	369	24	331	774	58	805 098	341 374		332 351	13 084	118 289	463 724	57
Zusammen	9 251	4 805	1 941	186	2 319	4 446	48	7 296 713	4 076 626		1 586 320	324 430	1 309 437	3 220 187	44

Servituten im Jahre 1893.

Gouvernement	Zahl der Bauernansiedlungen insgesamt	Deren Fläche in Morgen	Servituten der Bauern									
			Weideservituten				Waldservituten						insgesamt
			Zahl der Ansiedlungen	in %	Kühe und Pferde	Schafe und Schweine	Zahl der Ansiedlungen	in %	Bau-material-stück	Brenn-material	Streu	Zahl der Ansiedlungen	in %
										Fuhren			
Warschau	68 369	865 263	16 109	23	41 828	9 798	9 397	13	3 894	292 932	6 238	25 503	36
Kalisch	70 938	730 183	22 775	32	66 764	18 585	14 968	21	9 917	364 463	45 354	37 743	53
Radom	62 039	773 445	13 593	21	49 559	24 164	9 685	15	12 169	339 101	29 931	23 278	36
Kielce	70 225	661 776	17 978	25	55 086	3 941	12 839	18	13 441	379 455	56 127	30 817	43
Piotrkow	67 373	854 026	15 739	23	49 462	18 910	12 971	19	13 375	384 294	41 854	28 710	42
Lomza	36 784	540 322	8 226	22	25 308	17 051	6 659	18	4 653	195 603	1 639	14 885	40
Suwalki	53 134	1 221 344	3 176	5	6 068	7 605	2 966	5	4 959	96 241	—	6 142	10
Siedlce	47 330	879 067	19 162	40	68 738	56 541	16 018	33	7 862	627 193	1 029	35 180	73
Lublin	71 256	1 124 383	20 385	28	53 750	13 804	17 271	24	13 439	685 358	11 464	37 656	52
Plock	45 819	551 338	19 755	43	49 435	30 543	12 728	27	5 506	139 448	2 697	32 483	70
Zusammen	593 267	8 251 147	156 898	26	465 998	200 942	115 499	19	89 215	3 498 093	196 333	272 397	45

Jetzt müssen wir uns die Frage stellen, wie nun der Ukaz vom 19. Februar 1864 auf die Verhältnisse und Lage der Bauern gewirkt hat. —

Über die Wirkung dieser Gesetzgebung und der weiteren Ausführung derselben durch das einrichtende Komitee sind die Meinungen verschieden. Die Anhänger der Reform erklären mit Entzücken, sie sei die beste auf dem Kontinent, der Wohlstand der Bauern sei seit dem Jahre 1864 sehr rasch und in hohem Grade gestiegen.

Um diese Meinung wissenschaftlich zu begründen, stützt sich Prof. Simonenko auf die Statistik und berechnet, dafs die Produktion (und damit die Produktivität) des Bodens auf den bäuerlichen Äckern in dem Zeitraum vom Jahre 1869 bis 1877 gegenüber der Periode von 1854 bis 1864 von $14\,^1/_2$ Millionen czetwerti auf 21 Millionen also um $6\,^1/_2$ Millionen gestiegen ist.

Dieser Beweis ist aber keineswegs mafsgebend, erstens weil Prof. Simonenko nicht das Moment berücksichtigen will, dafs die bäuerliche Fläche nach der Durchführung des Ukazes bedeutend gestiegen ist; zweitens vergifst derselbe, dafs die Jahre 1854, 55 und 56 zu den traurigsten im XIX. Jahrhundert für Polen zu rechnen sind wegen des alle Kräfte erschöpfenden krimschen Krieges und der Cholera, welche mit gröfster Gewalt wütete.

Kaum hatte sich die Bevölkerung in den folgenden Jahren erhoben, als schon im Jahre 1861 die Vorbereitungen zum Aufstand begannen, die ungünstig auf die ganze Volkswirtschaft gewirkt haben. —

Der nach diesen trüben Zeiten eingetretenen Ruhe neben der Vermehrung der Fläche ist das Steigen der Produktion zuzuschreiben, während in der Art der Bewirtschaftung seitens der Bauern, wie wir später sehen werden, in der von dem russischen Ökonomen erwähnten Periode kein Fortschritt zu bemerken war.

Einen zweiten Beweis des Aufschwungs des Bauernstandes erblickt Prof. Simonenko in der Zunahme der Bevölkerung. — Freilich ist die Bevölkerung im Königreich Polen sehr bedeutend (siehe Bevölkerungstabelle in der Beilage) gestiegen. Die jährliche Zunahme vom Jahre 1864 bis 1890 beträgt durchschnittlich $2,1\,^0/_0$. — Noch gröfser aber ist die Zunahme in der Periode von 1815—1830 gewesen ($3,7\,^0/_0$), in den Zeiten, wo man an die Verbesserung der Lage der Bauern gar nicht gedacht hatte. — Es ist ja auch eine bekannte Thatsache, dafs die Zunahme der Bevölkerung oft Hand in Hand mit der gröfsten Not geht (Wland).

Gegenüber diesen optimistischen Ansichten des Prof. Simonenko[1]) und anderer, sind wieder Autoren[2]) aufgetreten, welche glauben, dafs der Wohlstand der Bauern im Königreich Polen nicht gestiegen, sondern im Gegenteil gesunken sei. — Bei Beurteilung dieser Frage geht der Bauernfreund Karcow von dem Satze aus, dafs für die Deckung des Bedarfs einer Bauernfamilie mindestens 15 Morgen nötig sind. Demnach gehen 204 705 Bauernfamilien, die weniger als 3 Morgen besitzen, dem vollständigen Ruin entgegen, weil sie einer 5 mal so grofsen Fläche bedürfen; in geringerer, aber immer noch in einer gewissen Not finden sich auch die 280 141 Bauernfamilien, die von 3—15 Morgen besitzen. — Zusammen also sind etwa 71 % aller Bauernfamilien wegen zu geringen Besitzes in Not, die durch Zunahme der Bevölkerung und Teilung der Hufen zwischen den Erben sich von Jahr zu Jahr vermehrt, so dafs alle schlecht gestellten Bauern in die Hände wucherischer Juden und reicher Bauern fallen, infolgedessen sie aus ihren kleinen Parzellen in kurzer Zeit verdrängt werden und die Zahl des grundlosen Proletariats bedeutend vermehren. —

Dafs die Beweise Prof. Simonenko's falsch sind, haben wir schon oben gezeigt; dafs auch die von den letzten zwei Autoren auf einer falschen Basis beruhen, das ergiebt sich aus folgendem:

1. dafs die bäuerlichen Ausiedlungen sehr selten ihren Besitzer wechseln,

2. dafs durch Zukauf die bäuerliche Fläche wächst.

Es entstehen auch vollständig neue Bauernansiedlungen.

Bis zum Jahre 1873 haben die Bauern von den Grundbesitzern eine Fläche von 214 924 Morgen gekauft. —

Diesem Streben der Bauern, Grund und Boden zu kaufen, kam die Regierung entgegen durch Erweiterung der Thätigkeit der Bauernbanken für Rufsland auch auf das Königreich Polen. In ihrer Thätigkeit verschaffte die Bank 7003 Bauern die Möglichkeit, eine Fläche von 62 850 Morgen zu kaufen. — Von der Gesamtzahl der Bauern waren es 13, die einzeln gewisse Summen liehen; die anderen vereinigten sich, um zusammen in Gruppen den Kredit zu benutzen. —

---

[1]) Simonenko Statistik des Königreichs Polen. — Warschau. Die Bauernreform im Königreich Polen, Posen und Galizien desselben. Warschau 18.

[2]) Par Worte von der Lage der Polnischen Bauern. K. D. Lemberg 1893. Karcow im Monatsschrifte Wiestnik Europy November 1882 Seite 25 und folgende. Siehe die schon früher erwähnte Schrift von K. D.

Die angeführte Zahl ist zwar sehr gering; das erklärt sich aber leicht erstens durch den konservativen Charakter polnischer Bauern, der jeder neuen Reform mifstraut, zweitens durch die Unbequemlichkeiten, welche mit der Anleihe verbunden waren (für das ganze Königreich Polen waren nur 4 Filialen dieser Bank eingerichtet), auch erschwerten zahlreiche Formalitäten die Procedur bedeutend.

(Diese Unbequemlichkeiten sollen gegenwärtig durch eine neue Organisation beseitigt werden.) —

Jedenfalls wächst die Zahl der Bauern, die von der Bank Anleihen nehmen, alljährlich. —

Für die ganze Fläche haben die Bauern 3 936 954 Rubel zahlen müssen. 29 % dieser Summe haben sie allein ausgelegt (1 137 287) und den Rest (2 805 667) durch Kredit (teils auf 42 teils auf 34 Jahre) gedeckt. Im Durchschnitt hat also der Bauer 161,54 Rubel allein bezahlt, die einzelnen Bauern bedeutend mehr — zusammen 4100 Rubel (43 % der ganzen Summe) also 315,40 pro Kopf. —

Nach dem Gesagten ist es unmöglich, mit Herrn Karcow anzunehmen, dafs die Bauern sich in einer so elenden Lage befinden. —

Nachstehende Tabelle (S. 75) zeigt uns das Gegenteil der Ausführungen Karcows, dafs eben aus den Grundlosen und den kleinen Parzellenbesitzern die Käufer sich bilden. — Der gröfste Prozentsatz der Erwerber besafs keinen Grund und Boden; 56 % oder nur sehr wenig, 24,8 weniger als 3 Morgen. Geringe Teilnahme an der Parzellierung der Bauern, die gröfsere Hufen besitzen, darf man nicht so verstehen, dafs dieselben nicht in der Lage wären, Kredit zu bekommen. Dieses Zurückhalten der gröfseren Hufenbesitzer von dem Prozefse der Parzellierung deutet nur, dafs sie genug Land besitzen und keine Vergröfserung derselben brauchen. —

Über die angekaufte Fläche giebt uns die Tabelle Seite 76 ein Bild.

Aus den zwei angeführten Tabellen ergiebt sich, dafs diese Fläche sich durchschnittlich auf einen einzelnen Bauern jeder Kategorie verteilt, wie Tabelle S. 77 zeigt.

Auf diese Weise bilden sich neue Wirtschaften von 6 Morgen (kleinere können nach dem Beschlufs der Bank nicht gegründet werden), andere vergröfsern sich wieder bedeutend. —

Der durchschnittliche Preis für einen Morgen war in den verschiedenen Gouvernements verschieden; Kalisch 68 Rubel, Kielce 91, Lublin 65, Lomza 44, 50, Piotrkow 49, 50, Radom 46, Siedlce 57,

— 75 —

Gouvernement	Zahl der Erwerber						in % ausgedrückt				
	Bauern, die keinen Grund besitzen	Bauern, die besitzen				Zusammen	Bauern, die keinen Grund besitzen	Bauern, die besitzen			
		weniger als 3 Morgen	3—6 Morgen	6—12 Morgen	mehr als 12 Morgen			weniger als 3 Morgen	3—6 Morgen	6—12 Morgen	mehr als 12 Morgen
Kalisch	301	95	76	3	1	476	65,1	20,0	16,0	0,7	0,2
Kielce	339	176	61	3	—	579	58,5	30,4	10,6	0,5	—
Lublin	334	99	83	58	24	598	55,9	16,5	13,9	9,7	4,0
Lomza	105	22	38	38	30	233	45,0	9,9	16,3	16,3	12,4
Piotrkow	303	225	18	2	—	548	55,5	41,0	3,2	0,3	—
Radom	55	41	35	5	5	141	39,0	29,0	24,9	3,5	3,5
Siedlce	22	1	5	3	3	34	64,7	3,0	14,7	8,8	8,8
Warschau	350	137	69	40	21	617	56,7	22,2	11,8	6,4	3,5
Plock	—	—	—	—	—	—	—	—	—	—	—
Suwalki	—	—	—	—	—	—	—	—	—	—	—
Zusammen	1809	796	385	152	84	3226	56,0	24,8	11,9	4,7	2,6

Gouvernement	Fläche, die die Bauern gekauft haben						in % ausgedrückt				
	Bauern, die keinen Grund besaßen	Bauern, welche besitzen			Zusammen		Bauern, die keinen Grund besaßen	Bauern, welche besitzen			
		weniger als 3 Morgen	3—6 Morgen	6—12 Morgen	mehr als 12 Morgen			weniger als 3 Morgen	3—6 Morgen	6—12 Morgen	mehr als 12 Morgen
Kalisch	2 724	780	694	30	8	4 236	64,4	18,4	16,3	0,7	0,2
Kielce	2 328	1082	304	20	—	3 734	62,4	29,0	8,1	0,5	—
Lublin	3 204	850	754	484	216	5 508	58,2	15,4	13,7	8,2	3,9
Lomza	1 162	266	464	446	428	2 766	42,0	9,6	16,8	16,1	15,5
Piotrkow	2 990	2346	268	50	—	5 654	52,9	41,5	4,7	0,9	—
Radom	698	558	412	90	48	1 806	38,7	30,9	22,8	5,0	2,6
Siedlce	318	6	72	30	48	474	67,1	1,3	15,2	6,3	1,01
Warschau	2 800	1050	660	384	168	5 062	55,3	20,7	13,0	7,6	3,3
Plock[1]	—	—	—	—	—	—	—	—	—	—	—
Suwalki	—	—	—	—	—	—	—	—	—	—	—
Zusammen	16 224	6938	3628	1534	916	29 240	55,6	23,7	12,4	5,2	3,1

[1] In den Gouvernements Plock und Suwalki haben die Bauern keine Anleihen von der Bank bezogen.

Gouvernement	Bauern, die keinen Grund besafsen	weniger als 3 Morgen	Bauern, die einen Hufen mit besitzen			Zusammen
			3—6 Morgen	6—12 Morgen	mehr als 12 Morgen	
Kalisch	9,0	8,2	9,1	10,0	8,0	8,9
Kielce	6,8	6,2	4,9	6,6	—	6,5
Lublin	9,6	8,6	9.0	8.3	9,0	9,2
Lomza	11,0	12,0	12,2	11,8	14,1	11,9
Piotrkow	9,9	10,0	14.9	25,0	—	10,3
Radom	12,7	10.0	11,9	18,0	9.6	12,9
Siedlce	14.5	7,2	14.4	10,0	16.0	13,9
Warschau	8,0	7,7	9.6	9,6	8,0	8,2
Zusammen	8,9	8,7	9.4	10,9	10,9	9,0

Warschau 75; dadurch erklären sich auch die Schwankungen in der Gröfse der zugekauften Flächen in den verschiedenen Gouvernements.

Nachdem wir also die Ausführungen der beiden Parteien charakterisiert und widerlegt haben, haben wir unsere Auffassung über dieselbe Frage zu entwickeln.

Wenn man sich den Ukaz vom 19. Februar 1864 vergegenwärtigt, so kann man nicht leugnen, dafs alle Mafsregeln für die Bauern sehr günstige gewesen sind. —

Man braucht dafür nur die Abschaffung aller Frohndienste zu erwähnen, die den Bauern so schwer Hunderte von Jahren hindurch drückten, das Abtreten des Grund und Bodens mit Gebäuden, toten und lebenden Inventar, mit Beibehaltung aller Servituten für einen minimalen Entgelt in Form von Grundsteuer.

Diese Begünstigung des Bauernstandes tritt noch klarer hervor in der Durchführung des Ukazes in der Praxis, wo gewöhnlich alle Streitfragen bei der Erfüllung der Liquidationstabellen zu Gunsten der Bauern von dem Kommissär entschieden wurden.

Mehr konnte für die Bauern, ohne die besitzenden Klassen zum vollständigen Ruin zu führen, nicht gethan werden. —

Nach dem Gesagten könnte man glauben, Prof. Simonenko habe Recht, die Reform als die beste zu erklären. Das würde vielleicht der Fall sein, wenn keine ungemein wichtigen Schattenseiten in dem ganzen Reformwerke vorhanden wären, welche weder von einem, noch von den anderen sich gegenüberstehenden Autoren berücksichtigt sind.

1. Die Gewaltsamkeit der durchgeführten Reform ohne Rücksicht auf die wirtschaftliche Lage der Bauern und deren Bildungsgrad. 2. Der tendenziöse Charakter der Mafsregel und deren Durchführung in der Praxis. Der Bauer konnte seine neue Lage als Besitzer eines Hofes nicht begreifen, und lange Zeit ist es ihm unmöglich gewesen, sich an eine selbständige Wirtschaft zu gewöhnen. — Anfangs war es für ihn von gröfster Schwierigkeit, seine Erträge so einzurichten, damit sie für das ganze Jahr ausreichen konnten. — Im Herbst lebte der Bauer flott und im Frühjahr und oft schon im Winter waren seine Vorräte schon zu Ende, und Hunger und Not kehrten fast alljährlich wieder. —

In solchen Fällen konnte sich der Bauer vordem mit Hülfe der Gutsbesitzer aufrichten, jetzt soll er allein Mittel zur Unterhaltung seiner Familie schaffen. — Nach der Abschaffung der Frohndienste wollten die Bauern nicht mehr auf den grundherrlichen Äckern arbeiten und mit ihrer Hände Arbeit verdienen, denn sie waren ja, sagten manche unter ihnen „ebensogut Gutsbesitzer wie die Grundherren." Wenn wir zu wenig haben werden, dann giebt uns die Regierung wieder das Nötige. Diese im gröfsten Mafse schädliche Meinung war die notwendige Folge der zu ausgedehnten Begünstigungen der Bauern bei der Reform, auf die wir schon aufmerksam gemacht haben. Allein es wollte und konnte der Bauer sein Wirtschaftssystem nicht verbessern, weil er von dem Alten nicht ablassen wollte und zu wenig Bildung und Verstand hatte, um sich zu verbessern. Ebenso wie die Äcker behandelte der Bauer auch sein Vieh, dafs er auf der Brache des Grundherrn und im nackten Walde weiden liefs, welcher durch die Schafe von jedem Gras und Kraut ledig geworden ist. — Im Winter fütterte er nur mit Häcksel. —

Auf eine andere Fütterungsweise wollten die Bauern nicht übergehen. — Sie glaubten, sie würden ihre Servituten verlieren, wenn sie aufhörten, dieselben zu benutzen. Die Gebäude und Geräte machten denselben Eindruck wie früher; nach den Liquidationstabellen war das auf eine Bauernansiedlung kommende Baumaterial zu knapp, um sofort die Gebäude verbessern und erneuern zu können.

Solche Lage konnte aber nicht andauern, allmählich veränderten sich die Anschauungen der Bauern.

Am schnellsten trat diese Veränderung bei denjenigen Bauern ein, die vor dem Jahre 1864 als Zinsbauern auf den Gütern lebten. — Dieselben waren schon früher von den Frohndiensten befreit und in mehr oder weniger selbständige Pächter umgewandelt. Sie waren also durch den Übergang auf Geldpachtzins zu dieser gewaltigen Reform vorbereitet. Ihrem Beispiele folgten allmählich auch andere Bauern, die, die neuen Verhältnisse genau erkennend, um die Verbesserung ihrer Wirtschaften Sorge zu tragen angefangen haben. — Zur Hebung des Wohlstandes der Bauern hat im höchsten Grade die Regulierung der Servituten beigetragen, besonders der Weideservituten. Statt einer elenden Weide im gutsherrlichen Walde und auf der Brache, bekam der Bauer nach der Separierung im ganzen Königreich Polen im Durchschnitt 3 Morgen 15 Ruten pro Ansiedlung. Nach der Gröfse der Servituten, dann nach der Art der abgetretenen Fläche schwankt die Zahl von 2 bis 12 Morgen. — Auf diese Weise vergröfserten sich die Höfe bedeutend.

Noch wichtiger ist ein zweites Moment, dafs nämlich nach der Separierung der Bauer selbständig gestellt war und gezwungen, nur auf seine eigenen Kräfte zu rechnen. — Es ist ja auch eine von allen anerkannte Thatsache, die sogar von einem Bauernkommissär, Makiejew, berücksichtigt wurde, dafs diejenigen Bauern wohlhabend seien, die auf die Vereinbarung mit den Grundherren zur Beseitigung der Servituten am frühesten eingegangen sind. —

Die Gebäude tragen einen ganz anderen Charakter, die Wohnungen sind mit gröfseren Fenstern versehen, mit Dielen, statt des lehmigen Bodens.

Ein Teil ihrer Felder wird mit Futtergewächsen, Klee, Luzerne bestellt. — Auch Hackfrüchte, wie Möhren und Futterrüben, werden oft von den Bauern gebaut. — Das Zug- und Nutzvieh wird durch besseres Futter kräftiger ernährt und leistungsfähiger und produktiver als früher. —

Durch die Lösung der Servitutenfrage, diesem Mittel „de semer sa zizanie", sind die Verhältnisse zwischen Bauern und Grundherren gebessert. Die fortwährenden Prozesse, welche notwendig auf den Gütern, wo die Servituten nicht beseitigt sind, stattfinden, und die oft viel Zeit- und Geldverluste beiden Seiten verursachen, werden beseitigt zum gröfsten Wohl der beiden Parteien. — Infolge der besseren Verhältnisse wenden sich die Bauern oft zum Grundherrn „po porade" und fragen, was sie mit dem und anderen Grundstücken zu thun haben, um sie produktiver zu machen. — Dem Beispiele des Grundherrn folgend, fangen auch manche an, Entwässerung mit primitiven Mitteln durchzuführen, sogar zur Teichwirtschaft schreiten einige. Nicht nur diejenigen, welche gröfsere Flächen bekamen, sind jetzt bedeutend besser gestellt, sondern auch diejenigen, welche mit kleinen

Grundstücken versehen worden sind. In der Nähe der Städte treiben sie Gartenwirtschaft, die sehr rentabel ist.

In den entfernteren Orten finden sie immer Arbeit auf den grundherrlichen Äckern, um sich das nötige Geld für die gestiegenen Bedürfnisse zu verdienen und sogar auch zu sparen. — Diese Verbesserung der Lage der Bauern geht natürlich sehr langsam vorwärts. Wäre nun aber die Reform nicht so rapid durchgeführt, hätte man erstens, wie es Markgraf Wielopolski beabsichtigte, alle Bauern von Frohnden befreit, auf Pachtzins übergeführt und erst nach einer gewissen Zeit von dem Pachtzins durch Einrichten einer Bank losgekauft, hätte man also mehr Rücksicht auf die Fähigkeiten der Bauern genommen, durch Verbesserung des Schulwesens die Bildung gefördert, durch politische Manipulationen die Verhältnisse zwischen den beiden Klassen nicht getrübt, dann auch mehr für die ökonomische Seite durch Einrichten von Hypothekenbanken gethan, Vereine für Hebung der Land- und Viehwirtschaft eingerichtet, so wäre der Wohlstand der Bauern ohne Erschütterung der ganzen Verhältnisse viel systematischer und gründlicher zu erzielen gewesen und viele der jetzigen Übelstände wären nicht vorhanden.

Man hat zwar in der Neubildung des Gemeindewesens versucht, die Bauern zu stärken, doch hat sich dieselbe auch nicht als günstig genug gezeigt.

Auch hier lag der Grund des Misslingens in dem überall auftretenden Zwecke, die Bauern von der schädlichen Einwirkung der Gutsbesitzer und Geistlichen zu emanzipieren. Diese Maßregel zu erörtern, wird die Aufgabe des folgenden Abschnittes sein. —

c) Die Gemeinde im Königreich Polen nach dem Ukaz von 1864.[1])

α) Allgemeines.

Zusammen mit dem Ukaz über die Bauerneinrichtung in Polen wurde ein Ukaz über die Einrichtung der Dorfgemeinden erlassen, der auch eine vollständige Umwälzung mit sich brachte. —

---

[1]) Tagebuch der Gesetze Band 62 Seite 37 und folgende. H. Konic, „Selbstverwaltung der Gemeinde". Warschau 1886.

Sammlung der Anordnungen des einrichtenden Komitees Band I, II, III und IV.

Spasowicz „Schriften" Band III Petersburg 1892. (Über Gemeinden im Königreich Polen.)

Die Haupttendenz des neuen Ukazes ist dieselbe gewesen wie die der vorigen. Man wollte die Bauern vollständig von dem Einflusse des Grundherrn und der Geistlichen emanzipieren. Vor dem Jahre 1864 bildete fast jedes Gut eine Gemeinde, in welcher der Grundherr zugleich Voigt gewesen war. Nach der neuen Gesetzgebung wurden 1313 Gemeinden im ganzen Königreiche gebildet.[1] Dieselben bestehen aus mehreren sogenannten „Gromada" (Gruppen einzelner Dörfer). Der Gromada gehören die emanzipierten grundbesitzenden Bauern an, alle anderen Einwohner in den Dörfern sind ausgeschlossen. — Die Aufgabe der Gromada ist die Verwaltung von Gemeindebesitz, die Wahrung gemeinsamer Interessen, die Sorge für die Hospitäler, Schulen u. s. w. (die gar nicht in Wirklichkeit existieren!) Vorstand der Gromada ist der Soltys (Schulze), der von denselben auf 3 Jahre gewählt und durch den Bezirksbeamten (Naczelnik powiatu) bestätigt wird. Er ist nicht nur Beamter der Gromada, sondern auch des Staats. Als solcher bekommt er ein Jahresgehalt von 2 Rubel 70 Kop. wenn ein Dorf 10 Ansiedlungen zählt und 7 Rubel 30 Kop. bei mehr als 80. —

Aus mehreren Gromada bildet sich eine Gemeinde, welche alle Einwohner der zugehörigen Dörfer einschliefst. Jedoch können zu der Gemeindeversammlung nur diejenigen Bauern gehören, die wenigstens eine Fläche von $1\frac{1}{2}$ (anfangs 3 Morgen) an Grund und Boden besitzen. —

Die grofsen Gutsbesitzer sind von der Teilnahme an den Gemeindeversammlungen nicht ausgeschlossen, können aber auf die Thätigkeit der Gemeinde keinen Einfluss haben, erstens weil ihre Zahl zu gering ist, zweitens weil die Beamten der Gemeinde dem Willen des Gesetzgebers gemäfs von den Bauern gewählt sein müssen und deshalb nur solche von dem Bezirksbeamten bestätigt werden. Allen anderen Einwohnern der Gemeinde ist die Beiwohnung an einer Gemeindeversammlung untersagt. — Diese Bestimmung gilt nicht für die Staatsbeamten, die vielmehr verpflichtet sind, zur Wahlzeit der Versammlung beizuwohnen. —

Auf diese Weise hat man den Einflufs der intelligenten Klassen vollständig ausgeschlossen.

---

[1] Die Zahl der Bevölkerung in einer Gemeinde nach Anuczyn schwankt im Jahre 1873 zwischen 1 203 und 10 087 im Durchschnitt 4016.
Die Fläche von 152 Morgen — 36 952 Morgen im Durchschnitt 13 839 Morgen. (Abrifs der ökonomischen Lage der Bauern in den Gouvernements des Königreichs Polen im Jahre 1873. Radom. 1875.

Von dem Vorsteher der Gemeinde, dem **Voigte**, trotz der vielen Rechte, die ihm beistehen, verlangt man keine Bildung, er darf sogar Analphabet sein. Im Jahre 1870 nach Anuczyn sind 40% aller Voigte Analphabete gewesen.

Jetzt hat diese Zahl abgenommen, doch giebt es noch sehr viele, die nur ihren Namen zu unterschreiben gelernt haben, jedoch giebt es auch solche, die auch dies nicht verstehen. —

Diese Bestimmung, welche von der Wahl zu den Voigten Analphabete nicht ausschliefst, läfst sich wirklich nicht erklären; dafs natürlicherweise hierdurch öfters ungemeine Schäden an der günstigen Entwicklung der sogenannten Selbstverwaltung in den Gemeinden entstehen, liegt klar auf der Hand. Um den zahlreichen Pflichten eines Voigtes, der als Gemeinde- und Polizeibeamter auftritt, nachzukommen, steht ihm zur Seite ein Gemeindeschreiber, der von dem Bezirksvorstand ernannt wird und nur von ihm abhängig ist.

Dieser Schreiber hat als der Gebildetste immer den gröfsten Einflufs in der Verübung aller Angelegenheiten. Bei dem niedrigen Jahresgehalte, 180 Rubel, weifs sich der Schreiber allein zu helfen: die Ungebildetheit des Voigtes und die Schwerfälligkeit der Versammlung helfen ihm im grofsen Mafse, auf unberechtigtem Wege das Geld zu beziehen.

Mit Recht nennt man daher den Gemeindeschreiber die Geifsel der Bauern.

Die Gemeindeversammlung hat zwar das Recht, die **Thätigkeit des Voigtes und des Schreibers zu kontrollieren**. Die Bauern besitzen aber nicht die geistige Fähigkeit, die Kontrolle zu übernehmen. Die einzigen, die in der Lage wären das zu thun, die gröfseren Grundbesitzer, sind der Zahl nach zu gering, und verschwinden in der Masse der ungebildeten Bauern; nicht selten kommt es auch vor, dafs die Grundbesitzer von der stattfindenden Versammlung gar nicht benachrichtigt werden. Ebenso wie mit der Kontrolle der Beamten in der Gemeinde verhält es sich mit den anderen Aufgaben der Versammlung, d. h. mit der Leitung, der Wahl, Verfügung über das bewegliche Eigentum der Gemeinde, Feststellen und Umlegen der Steuern, Einrichtung und Verwaltung der Schulen, Hospitäler u. s. w. — Damit die Bauern ihren Aufgaben, welche das Gesetz von 1864 ihnen auferlegt, im genügenden Mafse entsprechen könnten, müfsten dieselben einen höheren Grad der Bildung erreichen. Dieses ist aber bei den jetzigen Zuständen des Schulwesens unmöglich. —

β) Die Gemeindeschulen.

Die Schulen bestehen nur in den Dörfern, wo sich der Gemeindevorstand befindet. — Bei der Gröfse der Gemeinden sind die Bauern der entfernteren Dörfer (oft 3 Meilen) nicht in der Lage, ihre Kinder in die Schule zu schicken. Aber auch nicht alle in der Nähe der Schulen wohnenden Bauern machen von denselben Gebrauch. Der Unterricht in der russischen Sprache, der hierzu untersagte Zutritt der Geistlichen wirken dabei hemmend. Es ist zwar gestattet, den Gromadas Schulen zu errichten, doch benutzen die Bauern dieses Recht sehr selten. — Aufser den oben erwähnten Gründen kommt noch einer in Betracht: Die Bauern fühlen zu wenig die Notwendigkeit der Bildung, um einen Teil ihres kleinen Einkommens für Errichtung einer Schule und Erhaltung eines Lehrers zu opfern. —

Den Privatleuten und Geistlichen ist sogar der elementare Unterricht strengstens unter hohen Geldstrafen verboten. — Leider ist es unmöglich, hier positive Angaben über den Bildungsgrad der polnischen Bauern anzuführen. —

Professor Simonenko erblickt einen energischen Fortschritt auch in dieser Hinsicht. Leider giebt er uns keine Angaben, weder über die Zahl der Schulen, noch der Kinder, die dieselben besuchen. Er begnügt sich mit den Zahlen für das Jahr 1842, 1865 und 1872. — Im Jahre 1842 sind nach ihm nur 941 Schulen mit 40758 Kindern gewesen, im Jahre 1864 47551 Kinder, im Jahre 1872 2080 Schulen mit 110551 Kinder. Ohne die Zunahme der Bevölkerung, dann die trüben Zeiten vom Jahre 1864 zu berücksichtigen, schliefst Professor Simonenko einfach, die Zahl der Kinder, die in die Schule gehen, sei dank der Reform um 132 % gestiegen. —

Trotz dieses „schlagenden Beweises" des Prof. Simonenko müssen wir betonen, dafs das Schulwesen in einer beklagenswerten Lage sich bis heutzutage befindet, und dafs die Regierung vollständig diese Lebensfrage vernachlässigt. —

Es ist kein Wunder, dafs alle Mafsregeln zur Hebung der Selbstverwaltung der Gemeinden, und damit die Verbesserung der Lage der Bauern keine positive Wirkungen haben können. — Eine Institution, die in anderen Ländern den gröfsten Nutzen gebracht hat, die Darlehn- und Sparkassen, spielen im Leben der polnischen Bauern eine sehr unbedeutende Rolle. —

γ) Die Gemeinde-Darlehn- und Sparkassen.

Im Jahre 1868 wurden Sparkassen erst nur in den Bezirksstädten gegründet (85) jede mit einem Kapital von 737 Rubeln. Bis zum Jahre 1882 ist die Zahl bedeutend gestiegen und zwar auf 950 mit einem Kapital von 856467,82 Rubeln. Doch sind immer noch 285 Gemeinden (22 %), die keine Kassen besitzen.

Durch Einrichtung dieser Kassen wollte man den Bauern
1. für einen kurzen Termin Kredit gewähren,
2. das Sparen von kleinen Summen erleichtern.

An dem Kredit dürfen nicht nur diejenigen Bauern teilnehmen, die Grund und Boden besitzen, sondern auch diejenigen, welche kein Eigentum haben, also Häusler, Dienstleute, nur müssen die letzteren Bürgschaft von einem grund- oder mobilienbesitzenden Bauern stellen.

Die Höhe des Darlehns kann nur ein Viertel des Wertes des stehenden Kapitals betragen. Die grundlosen Bauern können höchstens eine Summe von 15 Rubel als Anleihe erhalten. Hierbei mufs erwähnt sein, dafs die Klassifikation, die zu diesem Zwecke noch im Jahre 1864 durchgeführt wurde, bis heute sich nicht verändert hat, und dieselbe entspricht keineswegs den heutigen Verhältnissen. — Die ausgeliehene Summe wird mit 8 % verzinst, für die Depositen zahlt der Besitzer $1\frac{1}{2}$ %. — In der ganzen Zeit der Existenz dieser Institutionen von 1868—1883 wurden im ganzen nur 13 592 739 Rubel 6 $\frac{1}{2}$ Kop. ausgeliehen, im Durchschnitt jährlich nur 843 895.

Den gröfsten Teil dieser Summe haben die kleinen Bürger ausgeliehen, die Bauern im Falle der Not wenden sich viel lieber an einen Juden, trotz der noch gröfseren Zinsen, die er aber nicht merkt, da er sie gewöhnlich durch vergröfserten Konsum an Schnaps oder durch Abgaben in Naturalien und Dienstleistungen und nicht im Gelde bezahlt.

Noch schlimmer fungierte diese Institution als Sparkasse: in der 16jährigen Periode ihres Bestehens wurden nur Depositen in Summen von 60 890 Rubel (3803 jährlich im Durchschnitt) abgegeben.

Aufser anderen Gründen sind es noch die schlechte Verwaltung der Kassen, öftere Mifsbräuche und Diebstähle der sog. Schreiber welche die Bauern von den Sparkassen fernhalten. Auch hier tritt klar hervor, dafs die Entfernung der Intelligenz von dem Gemeindeleben den gröfsten Schaden verursacht. —

δ) Die Gemeindegerichte.

Nur in den sogenannten Gemeindegerichten können die Grundbesitzer thätig sein. — Diese Gerichte wurden auch im Jahre 1864 ins Leben gerufen [1]). Bis zum Jahre 1875 war in jeder Gemeinde ein Gericht, welches sich aus dem Voigte und von den Bauern gewählten Gehülfen (Lawnicy) zusammensetzte. Die Kompetenz dieser Gerichte erstreckt sich anfangs nur auf Personalschulden und Beiträge bis zu 30 Rubel. — Später wurde die Kompetenz dieser Gerichte erweitert und zwar auf diejenigen Streitfälle, welche sich auf die den Bauern zugewiesenen Grundstücke bezogen. —

Die Regierung erkannte aber bald, dafs die meist analphabeten Bauern resp. Voigte nicht in der Lage seien, als Schiedsrichter aufzutreten.

Und so bekamen die Gemeindegerichte eine neue Organisation im Jahre 1875, nach welcher für jede 3 oder 4 Gemeinden ein Gericht errichtet wurde.

An Stelle des Voigtes wählen seit der Zeit die vereinigten Gemeinden einen Richter und 3 resp. 4 Lawniks auf 3 Jahre. —

Von dem Richter verlangt man, dafs er gut lesen und schreiben kann, während früher diese Kenntnisse garnicht notwendig waren. Obgleich nach den bestehenden Regierungsvorschriften jeder, der 6 Morgen Grund und Boden besitzt (mit Voraussicht der früher genannten Bedingungen) zum Richter ernannt werden darf, werden jetzt hierzu meistenteils nicht die Bauern, sondern grofse Grundbesitzer gewählt.

Mit der neuen Organisation der Gemeindegerichte wurde ihre Kompetenz erstreckt auf Personalschulden und Beiträge über Gegenstände bis zu 300 Rubel Wert, dann auf die Entscheidung der Fragen zwischen den Bauern, betreffend die Erbschaften und Bauernhöfe, wenn dieselben nicht den Wert von 1500 Rubel überschreiten. —

Damit die Grundbesitzer kein Übergewicht erhalten, sollen alle Streitfragen zwischen denselben und den Bauern betreffs der Servituten durch den Bauernkommissär und nicht die Gerichte entschieden werden. — Auch werden jetzt immer öfter Gemeinderichter von der Regierung und nicht durch Wahl bestimmt. Mit den Gemeindegerichten schliefsen wir die Betrachtung der bäuerlichen Verhältnisse im Königreich Polen. —

---

[1]) Spasowicz Schriften Band III Seite 347 und folgende.

Die Bevölkerung des Königreichs Polen im 19. Jahrhundert.[1)]

Im Jahre	Zahl der Einwohner	Im Jahre	Zahl der Einwohner
1807	2 319 396	1847 (Cholera)	4 857 700
1816	2 717 287	48 (Mifsernten)	4 790 061
1820	3 520 355	49 ,,	4 781 355
21	3 612 019	1850	4 810 735
22	3 658 729	51	4 851 639
23	3 704 306	52	4 812 577
24	3 786 489	53	4 813 091
25	3 911 417	54 (Türkischer	4 797 845
26	3 978 211	55 } Krieg)	4 673 869
27	4 032 335	56	4 696 918
28	4 038 289	57	4 733 760
29	4 137 634	58	4 790 379
1831 (durch den	3 762 003	59	4 764 446
32 Aufstand)	3 914 665	1860	4 840 466
33	4 037 925	61	4 910 608
34	4 059 517	62	4 972 193
35	4 188 112	63 (Aufstand)	4 986 230
36	4 251 334	64 ,,	keine Angaben
37	4 298 962	65	5 336 210
38	4 344 392	66	5 388 534
39	4 392 565	67	5 705 607
1840	4 488 009	68	5 780 369
41	4 547 703	69	5 898 665
42	4 623 318	1870	6 078 564
43	4 700 374	71	6 193 712
44	4 770 290	72	6 366 192
45	4 798 658	73	6 398 793
46	4 867 129	1890	8 188 148

Bis zum Jahre 1863 schreitet die Entwicklung allmählich gradweise vor.

Diese systematische, stufenweise sich vollziehende Entwicklung wird durch die Gesetzgebung vom Jahre 1864 mit einem Male unterbrochen und auf neue Bahnen gebracht. — Dafs dieselbe die erwünschten Resultate nicht gegeben hat, liegt nach dem vorher ausgeführten klar auf der Hand. —

[1)] Diese Zahlen sind bezogen von 1807—1857 „Astronomischer Kalender" von Wolski, Warschau 1858.
Von 1857—1873 „Vergleichende Statistik des Königreichs Polen" von Dr. W. Zaleski, Warschau 1876.
Von 1890 von Prof. Simonenko „Vergleichende Statistik der 10 Gouvernements des Königreichs Polen".

Die Mifsstände werden nur dann beseitigt, wenn die Regierung von ihrem Prinzip „divide et impera" ablassen wird.

In dem 2. Bändchen werde ich mir erlauben, das jetzt behandelte Thema durch Vergleich mit der Entwicklung der bäuerlichen Vernältnisse in Posen und Galizien noch näher zu erörtern. — In der Periode von 1815 bis zum Polnischen Aufstand (1831) stieg die Bevölkerung um 1 420 347 Seelen, also um etwa 52 %. — Von 1832—63 nur um 1 021 565, also 26 %. — Nach der Befreiung von 1865—1890 um 2 851 938 Seelen, also um 52,8 %. — Alljährliche Zunahme in der ersten Periode 3,7 %, in der zweiten 0,84 % und in der letzten 2,1 %.[1] —

---

[1] Für die Periode des Herzogtums Warschau kann die Zunahme der Bevölkerung wegen Mangel an Material nicht festgestellt werden.

— 88 —

Der durchschnittliche Preis eines Korzec verschiedener Landesprodukte in Warschau.

Im Jahre	Weizen	Roggen	Gerste	Hafer	Erbsen	Busch-weizen	Kartoffeln
			In Rubeln				
1805	5,16	3,48	2,325	1,475	2,60	2,20	
06	5,515	4,25	3,30	2,25	5,25	3,45	
07	5,325	3,795	3,325	2,10	5,44	3,75	
08	4,95	3,86	4,00	2,285	6,00	4,125	
09	3,75	2,70	2,36	1,575	3,60	1,80	
1810	3,335	1,465	1,35	1,15	2,175	1.23	
11	2,89	1,62	2,025	1,315	2,10	1,50	
12	3.45	2,85	2,625	1,86	4,20	2,28	
13	2,70	1,525	1,30	0,94	2,10	1,275	
14	3,825	2,55	1,725	1,25	2,325	1,65	
15	4,975	3,60	2,55	1,70	3,15	2,365	
16	4,50	3,00	2,25	1,575	2,40	2,10	
17	6.30	3,675	2,625	1,875	3,60	2,325	
18	5,25	3,30	2,55	1,875	3,335	2,135	
19	4,05	2,475	1,985	1,425	2,35	1,80	0,86
1820	2,925	1,80	1,50	1,125	1,820	1,275	0,60
21	3,30	1,80	1,35	1,00	1,61	1,39	
22	3,30	2,25	1,85	1,125	2,55	1,95	
23	2,65	2,15	1,80	1,44	3,05	2,10	
24	1,80	0,96	0,95	0,735	1,05	1,05	
25	2,00	1,05	0,93	0.73	1,095	1,075	
26	2,35	1,50	1,50	1,125	1,75	1,035	
27	3,585	1,85	1,875	1,31	2,74	1,80	
28	3,375	1,875	1,75	1,20	2,34	1,275	
29	3,81	1,44	1,20	0,84	1,50	1,09	
1830	3,075	1,35	1,23	0,95	1,35	—	
31	4,95	3,90	3,71	2,25	3,85	3,075	1.35
32	3,875	2,585	2,12	1,575	2,40	2,525	0,89
33	3,165	1,975	1,58	1,125	1,91	1,75	0,55
34	3,015	2,14	2,00	1,51	2,72	2,045	0,68
35	2,89	2,175	2,23	1,445	3,17	2,53	0,95
36	2,145	1,25	1,25	0,885	1,325	1,225	0,47
37	2,76	1,84	1,585	1,125	1,71	1,54	0,75
38	4,12	2,70	2,07	1,44	2,96	2,04	0,90
39	3,55	1,75	1,79	1,10	1,76	1,765	0,65
1840	4,95	2,10	1,95	1,40	2,40	2,00	0,81
41	4,46	2,90	2,44	1,76	2,75	2,195	0,76
42	4,58	2,67	2,15	1,55	2.46	2,06	0,83
43	3,00	1,62	1,51	1,09	1,43	1,53	0,53
44	3,47	1,85	1,57	1,06	1,94	2,03	0,76
45	4,32	3,42	2,88	1,88	4,10	2,99	1,50
46	5,28	4,29	3,66	2,28	4,66	3.52	1,52
47	5,96	4,32	3,58	2,19	4,98	3,98	1,73
48	4,10	2,60	2,455	1,57	2,87	2,61	1,32
49	4,05	2,10	1,96	1,62	2,28	1,825	0,99
1850	3,99	2,54	2,39	1,86	2,92	2,11	1,17

— 89 —

Im Jahre	Weizen	Roggen	Gerste	Hafer	Erbsen	Busch-weizen	Kartoffeln
				In Rubeln			
1851	4,38	2,975	2,56	2,02	3,585	2,365	1,15
52	4,80	2,57	3,29	1,99	3,80	3,05	1,50
53	5,60	4,20	3,53	2,48	4,91	3,58	1,16
54	7,35	5,72	4,80	3,11	6,83	4,67	2,44
55	8,24	6,15	4,87	3,33	6,32	4,53	2,94
56	8,03	6,26	5,08	3,62	7,02	4,92	2,24
57	5,37	2,93	2,70	2,23	2,98	2,67	1,05
58	4,96	2,39	2,44	1,92	2,84	2,15	0,79
1861	6,76	3,75	3,40	2,35	5,00	3,50	1,35
62	6,75	3,60		2,15	3,40		0,75
63	4,85	2,45	2,60	1,725	3,025	3,325	1,50
64	5,90	3,00	2,85	1,80	5,20	2,85	1,00
65	7,60	4,00	3,35	1,85	5,10	3,55	1,56
66	7,20	4,80	4,35	2,85	6,95	4,12	1,80
67	8,60—9,90	6,40—7,20	4,40—5,20	3,15—3,40	6,00	4,50—4,80	2,40—2,50
68	5,40—6,40	4,80—4,96	4,60—4,80	2,60—2,90	4,80—6,00	4,80—5,20	1,15—1,35
69	5,20—6,65	3,75—3,85	3,30—3,50	2,10	3,30—3,90	2,85—3,30	1,00
1870	5,50—7,20	4,10—4,45	3,15—3,45	2,30—2,40	3,40—4,50	—	1,50—1,65
71	6,40—8,40	5,17—5,72	3,90—4,50	2,50—2,70	5,00—5,50	4,20—4,40	2,50—3,00
72	7,50—8,80	5,55—5,80	4,20—4,70	3,08—3,28	5,40—5,60	4,80—5,00	1,50—1,80
73	—	—	—	—	—	—	—
74	5,75—6,40	4,22—4,67	4,65—6,00	3,30—3,45	6,00		1,50—1,70
75	6,00—6,30	4,55—4,95	4,20—4,75	2,85—3,30	6,88		1,50—1,90
76	7,35—7,90	5,00—5,60	3,90—4,50	2,35—3,10	5,20	3,40	—
77	9,60—10,35	5,40—6,15	4,80—5,40	2,87—3,15	8,40		
78	5,70—6,90	4,00—4,50	3,20—4,50	2,70—2,85	4,50—4,80	3,60—4,20	1,80—2,20
79	8,15—9,30	5,76—6,75	4,75—5,25	3,10—3,40	7,82—8,00	—	—
1880	9,25—10,50	8,00—8,45	5,50—6,00	3,60—4,00	6,40—6,60	5,40—5,60	
81	9,00—9,20	6,15—6,80	4,50—5,40	3,60—3,80	7,00—7,80	5,00—5,50	
82	8,00—8,25	4,75—4,80	3,55—4,50	3,05—3,12	4,35	4,65—5,25	
83	8,85—9,00	5,85 6,00	4,50—5,15	3 20—3,40	6,40—6,75	4,40—5,10	
84	6,30—6,60	4,90—5,00	3,90—4,65	3,27—3,37	5,12—6,45	3,40—4,30	
85	5,87—6,20	4,00—4,12	3,40—4,05	3,55—3,65	4,92—7,00	3,60—3,70	
86	6,90—7,20	4,80—4,95	3,45—4,20	2,65—3,25	4,80—6,50	3,65—4,00	
87	6,60—6,62	3,60—3,70	2,40—3,75	1,80—2,30	3,80—6,00	3,45—4,60	
88	5,60—6,30	4,00—	3,15—4,50	2,60	4,60—6 20	3,40—4,15	
89	6,24	3,90—4,10	4,20—5,50	2,60—3,30	5,40—7,20	3,80—4,20	
1890	5,75—5,85	4,70	3,50—4,50	2,40—2,60	3,90—5,50	3,70—3,90	
91	8,00—8,60	7,50—7,90	5.40	3,10—3,50	8,44	5.50	
92	6,20—6,35	4,50—4,75	2.70—3,10	—	5,40—5,60	4,40—5,60	
93	4,75—5,20	3,30	3,00—3,50	2,40	4,50—5,00	—	
94	4,20—4,70	3,00	2,90—3,60	2,10	3,80—5,00	3,00	

Bis zum Jahre 1858 sind diese Zahlen aus dem Astronomischen Kalendär von Wolski (Warschau 1859) bezogen.
Vom Jahre 1861 bis 1894 aus der Landwirtschaftlichen Zeitung (Jahrgänge 1862—1895).

Litteratur-Verzeichnis.

Lelewel, Untersuchungen über polnische Geschichte und Einwohner. Posen 1855.
    Zustände des ehemaligen Polens.
Szajnocha, „Anfänge Polens." Krakau.
    „Jadwiga und Jagiello".
Bobrzynski, „Geschichte Polens". Krakau 1880.
Ad. Krzyztopor, „Von der Regelung der Bauernstände in Polen". Posen 1859.
Surowiecki, „Über das Zugrundegehen der Industrie und der Städte in Polen". Warschau 1810.
    „Die Bauernfrage". Warschau.
Szujski, „Geschichte Polens".
A. Jelski, „Ein Abriſs der Geschichte der Volkswirtschaft, mit Beschreibung der Sitten des Volkes". Krakau 1893.
W. A. Maciejowski, „Geschichte der Bauern, von den ältesten Zeiten bis zur Hälfte des XIX. Jahrhunderts". Warschau 1874.
Taszycki, Chronik.
Sugenheim, „Geschichte der Aufhebung der Leibeigenschaft und Hörigkeit in Europa". Petersburg 1862.
St. Zoltowski, „Die Finanzen des Herzogtums Warschau". Posen 1892.
Fr. Skarbek, „Geschichte des Herzogtums Warschau". Posen 1860.
S. Uruski, „Sammlung der Schriften zur Bauernfrage". Warschau 1860.
    Tagebuch der Gesetze des Herzogtums Warschau und Königreich Polen von 1807—1862.
Wolski, „Astronomischer Kalender". 1856, 57, 58, 59.

W. Spasowicz, „Schriften". Band III. Petersburg 1892.
Das Leben und die Politik des Markgrafen Wielopolski.
Über Gemeinden im Königreich Polen.
Leroy Beaulieu, „Un homme d'état Russe".
T. Czacki, „Über die polnischen und lithauischen Gesetze". Warschau 1800.
J. Kirszrot Prawnicki, „Der Bauernkredit". Warschau 1886.
Dr. W. Zaleski, „Geschichtliche Entwicklung der Weide- und Waldservituten im Königreiche Polen". Bibliothek der Jurisprudenz, 1880, Jahrgang VII.
Dr. W. Zaleski, „Vergleichende Statistik des Königreich Polen". Warschau 1876.
H. Konic, „Selbstverwaltung der Gemeinden". Warschau 1886.
K. D. „Paar Worte über die Lage der polnischen Bauern". Lemberg 1893.
Jahrbücher der Volkswirtschaft. Band 1—44.
Aniczyn: Abrifs der ökonomischen Lage der Bauern in den Gouvernements des Königreich Polen im Jahre 1873. Radom 1875.
Lud. Gorski „Von den Servituten". Warschau 1876.
Andreas Zamoyski, „Bauernfrage". Warschau 1844.
Zawielewski, „Statistik des Königreich Polen". Petersburg 1842.
Roepel, „Vergleichende Statistik der 10 Gouvernements des Königreich Polen". Warschau.
Prof. Simonenko: „Königreich Polen im Vergleich mit Posen und Galizien bezüglich der ökonomischen, geistlichen und moralischen Entwicklung nach der Regulierung der bäuerlichen Verhältnisse". Warschau 1890.
Milutin, „Untersuchungen im Königreich Polen."
Karcow, „Die Reform vom Jahre 1864". Wiestnik Europy 1882.
Fr. Knapp, „Die Bauernbefreiung". Leipzig 1887.
J. Bloch: „Bauernbank und Parzellation". Warschau 1895.
Statistische Angaben der Statistischen Delegation der Land-Kredit-Gesellschaft. Warschau 1895.
Handwörterbuch der Staatswissenschaften. Band II „Bauernbefreiung in Rufsland", Johann von Keufsler.
Monats- und Zeitschriften, die Warschauer Bibliothek, Ateneum, Niwa, Ekonsmista, Landwirtschaftliche Zeitung.
F. Lubomirski, „Die Landbevölkerung in Polen". Warschau 1857.
Sammlung der Anordnungen des einrichtenden Komitees. (Band 1, 2, 3 und 4.)